Essen und trinken
hält Leib und Seel' zusammen.

Diese Aussage ist für uns nicht nur ein Sprichwort, vielmehr ist sie ein Bestandteil unserer gemütlichen niederbayerischen Lebensart.

Ob Rottaler Streichkäse oder Spargel mit Scampis in Cognac-Cayennesoße, jeder hat so seine eigene Leibspeis'. Sie finden in diesem Kochbuch Rezepte von Hausfrauen, von Hobbyköchen, von Profiköchen und von Menschen, die einfach gerne gut essen.

Mitglieder des Vereins Nadjeschda e.V., Genießer aus Bad Füssing und der näheren Umgebung sowie treue Kurgäste, die unsere heimische Küche schätzen gelernt haben, verraten Ihnen in dieser Rezeptesammlung ihr Leibgericht. Von Omas Spezialrezept, welches sicherlich in keinem anderen Kochbuch steht, bis hin zu international bekannten Gerichten finden Sie somit für jeden Anlaß das Richtige.

Überwiegend sind die Rezepte einfach gehalten, sodaß sie ohne "Kochstudium" nachvollziehbar sind. Und bedenken Sie, auch wir "Profis" haben so manches Gericht von Hausfrauen abgeschaut. So ist für mich meine Mutter, obwohl sie den Beruf des Kochs nie erlernt hat, bis heute eine der besten Köchinnen, die ich kenne.

Rolf Boschenriedter
Vorsitzender des Köchevereins Bad Füssing e.V.
im Verband der Köche Deutschlands

Nadjeschda e.V.
Hoffnung für russische Kinder

Im Jahre 1991 lernte ich durch den Musikwissenschaftler Dr. Dieter Rexroth Kinder aus der Spezialmusikschule des Konservatoriums St. Petersburg kennen. Vier Buben von 14 bis 16 Jahren nahm ich in unserem Haus für eine Woche Aufenthalt auf. Kaum in Rußland zurück, schrieben die Kinder: „Vergiß Deine russischen Freunde nicht, komm zu uns." 1992 flog ich dann zum ersten Mal nach St. Petersburg und lernte dort die Not in den Familien und an der Schule kennen. An der Musikschule gab es keine Saiten für Streicher, die Pianos mußten alle repariert werden. Es fehlte vom Bleistift bis zum Allernötigsten, dem Essen. Für mich stand fest, daß ich helfen werde.

Kaum zuhause, habe ich viele Geschäftsfreunde angeschrieben und hatte bald die ersten 10.000,- DM zusammen. Mit diesem Geld wurden Saiten, Kolophonium und Ersatzteile für Streicher gekauft und nach St. Petersburg gebracht. Da Gelder für die Kultur sehr spärlich fließen, habe ich mich entschlossen, die besten Kinder der Spezialmusikschule zu Konzerten nach Deutschland einzuladen. Mit dem Reinerlös aus diesen Konzerten konnten wir schon Musikinstrumente, Computer, Kopierer und vieles kaufen, was die Schule zum Schulbedarf braucht. Der Schule wurden auch Gelder für dringend notwendige Reparaturen zur Verfügung gestellt, Stipendien für arme Kinder wurden gewährt.

1996 dankte mir Herr Michael Gorbatschow, ehemaliger Präsident der GUS-Staaten, für meine Arbeit:

Sehr geehrte Frau Zinsmeister, durch diese persönliche Botschaft möchte ich meine große Achtung vor Ihrer wertvollen, langjährigen Tätigkeit hinsichtlich der Unterstützung von Kindermusikanstalten in Sankt Petersburg bezeugen.

Schon seit vielen Jahren versucht meine Stiftung den russischen Kunstschaffenden zu helfen, die heute in schwieriger materieller Lage sind. Wie Sie wohl wissen, hatte ich mich in Bayreuth an die deutsche Öffentlichkeit mit der Bitte gewandt, dazu einen Beistand zu leisten.

Sie sind unser langjähriger Partner. Es ist Ihnen und Herrn Kerzdörfer, mit dem Sie zusammenarbeiten, zu verdanken, daß die Korsakow-Musikschule und die Fachschule No. 11 ständig eine konkrete Hilfe als Lehrstoff, Musikinstrumente, Arzneimittel und direkte finanzielle Unterstützung erhalten. Es ist Ihnen gelungen, nicht nur in Regensburg, sondern auch überall in Deutschland, die Konzerte von musikalisch begabten russischen Kindern und Teenager zu veranstalten, wobei die Einnahmen dafür direkt in diese Schule gehen. So tragen Sie ohne jegliche große Worte und pompöse Erklärungen zur Entfaltung und Entwicklung von Talenten in jenem Altebei, wann es besonders notwendig und wichtig ist, so etwas zu tun. Die Kinder sind die Zukunft des neuen Rußland, das in der schwierigen Zeit der Reformen geboren wird.

Ich möchte meine Dankbarkeit persönlich Ihnen, allen Deutschen, die Ihrem Aufruf folgten und Ihrer Kinderhilfe zum Ausdruck bringen, in deren Rahmen sich Ihre humanitäre Initiative und uneigennützige Tätigkeit verwirklichen.

M. Gorbatschow

Seit 1992 gingen vier Transporte nach St. Petersburg, der letzte im Dezember 1996 mit 21 Tonnen. Von 1992 bis Mai 1997 halle ich Warenspenden (Medikamente, Lebensmittel, Vitaminc, Waschpulver, Ersatzteile für Instrumente, neun Geigen, eine Orgel, Blasinstrumente und sogar eine funktionsfähige Bäckerei) im Wert von 1,5 Millionen Mark beisammen. Die Gesamteinnahmen betrugen 400.000,— DM aus Spenden, Konzerterlösen und einer größeren Erbschaft.

Für das Kinderkrankenhaus wurden Geräte und Massageliegen, sowie Ärztebücher gekauft.
Viele Medikamente, die ich von Sponsoren erhielt, vor allem für Verbrennungen, gingen an diese Klinik.

Die Waisenhäuser sind zum Teil 100 Jahre alt und in den letzten 40 Jahren wurde nichts renoviert.
6-jährige Kinder sehen wegen Unterernährung wie 2-jährige aus. Ihnen allen möchte ich helfen, denn die Kinder warten sehnsüchtig auf meinen Besuch und meine Hilfe.

Ich garantiere Ihnen, daß der Reinerlös dieses Buches die Not etwas lindern kann und möchte mich bei allen Mitwirkenden, besonders auch beim Bauer-Verlag, der die Idee zu dem Kochbuch hatte, herzlichst bedanken.

Maria Zinsmeister, 1. Vorsitzende von Nadjeschda e.V.

Als Kurdirektor von Bad Füssing freue ich mich über die Initiative für dieses Kochbuch und über die Mithilfe des Köchevereins Bad Füssing und der vielen Teilnehmer, die ihre Rezepte zur Verfügung gestellt haben.

Auch auf diesem Wege ist ein Erinnerungs- und Imagewert für unseren Kurort geschaffen worden.

Ich freue mich aber auch ganz wesentlich darüber, daß dieses Kochbuch des größten Kurorts Europas einem wohltätigen Zweck gewidmet ist. Mit jedem verkauften Buch wird bedürftigen Kindern in St. Petersburg geholfen, das Notwendigste zum Überleben zu bekommen. Was das bedeutet, kann man sich nur vorstellen, wenn man wie ich die Verhältnisse vor Ort kennt.

Ich danke jedem von Herzen, der direkt oder indirekt mit dem Erlös dieses Kochbuchs mithilft, das Leben dieser Kinder zu erleichtern.

Heinz Egginger, Kurdirektor

Königliche Gaumenfreuden

Seine Königliche Hoheit Luitpold Prinz von Bayern ist schon seit Jahren ein treuer Freund Bad Füssings und seiner Gastronomie, insbesondere von Getränkegroßhändler Rudolf Oppowa.

Er war sofort bereit, für dieses Leibspeisen-Kochbuch einen Beitrag zu liefern und hat uns eine Rarität zur Verfügung gestellt:

Gaumenfreuden aus dem Menü zum 18. Geburtstag von Ludwig II. am 25. August 1863 auf Hohenschwangau.

Gemüsesuppe mit Geflügelklößchen

Hecht, im Backofen gegart, mit Wirsingpüree

Lammkotelett dazu grüne Bohnen und sautierte Kräuterkartoffeln

Eiscreme von Pfirsichen und roten Johannisbeeren

Getränkeempfehlung:
Lafitte, Madeira, König Ludwig Dunkel

Wie Sie das Lammkotelett originalgetreu zubereiten, finden Sie auf Seite 48.

MENU

Hohenschwangau le 25 Août 1863.

Diner
de Sa Majesté la Reine

Gaeßler	Printanière aux quenelles de volaille
	Petits vol-au-vent à la Montglas
	Brochet au four
	Boeuf braisé à la jardinière
	Haricots verts aux côtelettes d'agneau
	Suprême de poulardes aux truffes
	Perdreaux rôtis
Hölzlmeier	Charlotte à la Palerme
	Nougat d'amandes decoré
Schell	Glace: aux pêches et groseilles

Vins:
- Madeira
- Forster 57r
- Lafitte
- Champagner
- Ximenes

Inhalt

Suppen

Gwichste

von Hans-Otto Lengdobler,
Inhaber der Kurpark-Apotheke

500 g	*Roggenmehl*
1 Pr.	*Salz*
	lauwarmes Wasser
1 l	*Fleischbrühe vom Rind oder Schwein*

Das Roggenmehl mit Salz und nur soviel lauwarmem Wasser verrühren, bis ein fester Knetteig entstanden ist.

Von diesem Teig kleine Stücke abzupfen und unter der Hand walnußgroße Knödel rollen.

Die kleinen Knödel in kochendes Wasser geben und gut zehn Minuten ziehen lassen.

Die Gwichste werden in einer Rinder- oder Schweinefleischbrühe serviert.

Vielfach werden diese Gwichste auch mit einem gekochten Geselchten (Schwarzgeräuchertem) und Sauerkraut gegessen. Serviert werden dann die Gwichste und das Geselchte in der Kochbrühe des Geselchten.

Schwäbische Kartoffelspatzensuppe

von Michael Dürr,
Redaktionsleiter der
Passauer Neuesten Presse, Pocking

1,5 kg gutes Suppenfleisch (Hoch- oder Querrippe)
Suppenknochen
Suppengrün
6 mittelgroße Kartoffeln
250 g Mehl
4 Eier
Salz

Das Suppenfleisch, die Knochen und das Suppengrün in lauwarmes Wasser legen, aufkochen und abschäumen. Anschließend zwei Stunden leise köcheln lassen.

Unterdessen die Salzkartoffeln kochen und danach in Schnitze schneiden.

Aus dem Mehl, den Eiern und einer Prise Salz einen Spätzleteig zubereiten. Den Teig in kochendes Wasser drücken oder schaben. Die Spätzle aufkochen lassen und in lauwarmem Wasser abschrecken.

Nach den zwei Stunden Kochzeit die Fleischbrühe durchseihen und das Suppenfleisch in Würfel schneiden. Das Fleisch, die Spätzle, die Kartoffeln und das Suppengemüse in die Brühe geben und erhitzen. Danach sofort servieren.

Getränke werden zu diesem einfachen, aber ausgesprochen wohlschmeckenden Gericht in der Regel nicht gereicht.

In meiner Kinder- und Jugendzeit kochte mein Vater (!) dieses Mittagessen meist samstags - vor allem im Winter gibt's nichts besseres!

Bierbrotsuppe

von Wolfgang Pressl,
Chesa Pressl Passau, Dozent der Industrie- und Handelskammer, Wirtesprecher

2	*mittelgroße Zwiebeln*
40 g	*Schweineschmalz*
1 ¼ l	*kräftige Rinderbrühe*
1 Pr.	*Salz*
	frisch gemahlener Pfeffer
4	*Scheiben Graubrot (Roggenbrot)*
½ l	*Bier (Starkbier, Bockbier oder Altbier)*
50 g	*Butter*
	geschnittener Schnittlauch

Die Zwiebeln in Streifen schneiden und in dem Schweineschmalz goldbraun rösten. Anschließend in einen großen Topf geben und die heiße Brühe darübergießen. Mit Salz und frisch gemahlenem Pfeffer abschmecken und ziehen lassen.

In der Zwischenzeit jede der Graubrotscheiben in vier Teile schneiden, in Bier tränken und in Butter knusprig ausbacken.

Die gebackenen Brotscheiben in tiefe Teller oder Suppentassen legen und mit der heißen Brühe übergießen. Zum Schluß den frisch geschnittenen Schnittlauch darüberstreuen.

Daß die Bayern ihre frische Maß Bier nicht als alkoholisches Getränk, sondern als notwendiges Nahrungsmittel ansehen, gilt seit altersher. So soll es in München um 1780 genau 54 Bäcker, aber immerhin 52 Bierbrauer und 144 Bierwirte gegeben haben. Daß man dann auch bei der Vorspeise nicht auf das angestammte Getränk verzichten will, ist wohl zu verstehen. Es lag geradezu auf der Hand, daß findige Geister eine Suppe auf Bierbasis erfanden, die auch heute noch gern gegessen wird.

Zwiebelsuppe à la „Moosacher Hans“

von Hans Döring,
Musiker, „Die 3 lustigen Moosacher“

3 kg	*Zwiebeln*
¼ l	*trockener Wein*
¼ l	*Wasser*
	Cognac
1 l	*Brühe*
	Salz
	Pfeffer
	etwas Butter
	etwas Mehl

Die Zwiebeln in Ringe schneiden und in Butter andünsten.

Sobald die Zwiebelringe hellgelb sind, mit etwas Mehl bestäuben und mit einem guten Schuß Cognac ablöschen. Anschließend mit dem Wein und dem Wasser auffüllen und 20 Minuten leise köcheln lassen. Danach mit Salz, Pfeffer und noch etwas Wein abschmecken.

Guten Appetit!

Schinken-Schöberl-Suppe

von Antonie Nöbauer,
Inhaberin des Egglfinger Hofs

30 g	***Butter***
2	***Eigelb***
30 g	***Mehl***
1 Pr.	***Salz***
2	***Eiweiß***
150 g	***Schinken***

Die Butter mit den Eigelb gut verrühren.

Das Eiweiß zu steifem Schnee schlagen.

Das Mehl, eine Prise Salz und den steif geschlagenen Schnee locker unter die Butter-Ei-Masse heben. Den Schinken feinwürfelig schneiden und ebenfalls unterheben.

Diesen Teig auf ein gefettetes Backblech streichen und bei mittlerer Hitze (circa 175 Grad) backen. Danach auskühlen lassen und in Rauten schneiden.

Die Schinken-Schöberl in einer heißen Rinderkraftbrühe servieren.

Badische Kartoffelsuppe

von Ingrid Lorenz-Sontheimer,
Kurhotel Holzapfel

Die Kartoffeln und das Suppengemüse in Würfel schneiden, mit einem Liter Wasser und dem Brühwürfel weichkochen. Danach durchpassieren oder mit dem Rührstab zerkleinern.

Die Suppe erneut erhitzen und mit der Mehlbutter nachbinden. Kurz aufkochen lassen und mit Pfeffer, Salz und Suppenwürze abschmecken.

In der Zwischenzeit die Speckwürfel in einer Pfanne glasig anbraten und die zwei in Scheiben geschnittenen Wiener Würstel darin leicht Farbe nehmen lassen.

Anschließend über die angerichtete Kartoffelsuppe geben.

500 g	*Kartoffeln*
1 l	*Wasser*
1	*Brühwürfel*
1 St.	*gelbe Rübe*
1	*Lauchstück*
1	*Selleriestück mit Grün*
1 EL	*Mehl*
30 g	*Butter*
1 EL	*Speckwürfel*
2	*Wiener Würstel*
	Pfeffer
	Salz
	Suppenwürze

Toscanische Fischsuppe

von Peter Ganzert,
Evangelischer Pfarrer und Kurseelsorger

600 g verschiedene Fischsorten
1 T. trockener Weißwein
Lorbeerblätter
100 g Krabben
1 Dose Muscheln
1 Bund Frühlingszwiebeln oder
2 große Zwiebeln und
1 Lauchstange
2 Knoblauchzehen
1 Paprikaschote grün
1 Paprikaschote rot
1 Staudensellerie und/oder
1 Fenchelknolle
2 EL gehackter Dill
Instantbrühe
Pfeffer
etwas Sherry
geschlagene Sahne

Den Fisch in Salzwasser mit einer Tasse trockenen Weißwein und den Lorbeerblättern kurz garen, dann aus der Brühe nehmen und die Brühe aufheben.

Die Zwiebeln und den Knoblauch in Olivenöl andünsten, dann mit der Brühe (circa 3/4 l) aufgießen. Das weitere Gemüse gehackt dazugeben und circa 15 Minuten köcheln lassen. Nun die Krabben, Muscheln und den gegarten Fisch dazugeben.

Die Suppe mit etwas Instantbrühe, gemahlenem Pfeffer und Sherry abschmecken. Zwei Eßlöffel gehackten Dill über die Suppe geben und nicht mehr kochen lassen.

Die Suppe mit geschlagener Sahne anrichten und mit Weißbrot servieren.

Dazu kann ein trockener Weißwein (zum Beispiel Orvieto Classico) gereicht werden.

Rote-Rüben-Suppe „Ukrainische Art"

von Valentina Fedossejewa,
Direktorin der Musikschule

Das Fleisch kochen.

Die roten Rüben und die Mohrrüben kleinschneiden, etwas salzen und mit Essig übergießen. Danach in etwas Fett mit den Tomaten und dem Zucker garen, bis alles halb fertig ist.

Die Zwiebeln und den Lauch in Ringe schneiden und im Fett garen, bis sie goldgelb gebraten sind.

Mit dem Mehl eine Mehlschwitze zubereiten.

Das Fleisch aus der Brühe nehmen. Die Brühe durchseihen, die Kartoffelwürfel und den feingeschnittenen Kohl zugeben und darin 15 Minuten kochen. Nun das Gemüse (rote Rüben usw.) und die Mehlschwitze zugeben und 15 Minuten köcheln lassen.

Inzwischen das Fleisch kleinschneiden und jeden Teller mit Knoblauch und Petersilie einreiben. Das Fleisch in die Teller legen und mit der Suppe übergießen.

„Bortsch" ißt man mit Sauerrahm!

500 g	*Rindfleisch (Bruststück)*
3	*rote Rüben*
400 g	*Kohl*
5	*Kartoffeln*
2	*Mohrrüben*
2	*Zwiebeln*
1	*Stange Lauch*
2	*Knoblauchzehen*
100 g	*Tomatenpaste*
oder 4	*Tomaten*
1 EL	*Mehl*
200 g	*Fett*
100 g	*Speck*
1 EL	*Zucker*
2 TL	*Essig*
	Salz
3	*Pfefferkörner*
	Petersilie
	Sauerrahm

Soljanka

von Margarita Peskarewa,
Deutschlehrerin an der Musikschule

500 g	*Rinderknochen*
200 g	*Rindfleisch*
100 g	*Schinken (Schenkel mit Schale)*
70 g	*Würstchen*
3	*Zwiebeln*
3 - 4	*Salzgurken*
180 g	*Kapern*
100 g	*Oliven*
1 EL	*Tomatenpaste*
1 EL	*Butter*
	saure Sahne
3	*Pfefferkörner*
1	*Lorbeerblatt*
	Petersilie
	Dill
	Zitronenscheiben

Die Knochen mit dem Fleisch in Wasser kochen.

Die gewürfelten Zwiebeln mit der Tomatenpaste in Butter goldgelb braten.

Die Suppe durchsieben und die angedünsteten Zwiebeln und Gurkenwürfel zugeben und fünf Minuten kochen.

Inzwischen den Schinken, die Würstchen und das Fleisch fein schneiden und in die Suppe geben. Die Pfefferkörner, das Lorbeerblatt, die Kapern und Oliven zugeben und wieder zum Kochen bringen.

In Tellern anrichten und mit einer Scheibe Zitrone, Petersilie und Dill garnieren.

Salate, Vorspeisen

Insalata „Caprese" mit Bruschetta al pomodoro

von Rudi Riermeier,
Friseurmeister, Pocking

Zutaten für den Salat:

3 Bund Ruccola (oder Blattsalat)
250 g Mozzarella
250 g Egerlinge oder Champignons
2 EL Balsamicoessig
4 EL kaltgepreßtes Olivenöl
1 Bund Basilikum
Salz
Pfeffer aus der Mühle

Zutaten für die Bruschetta:

6 reife Tomaten
2-3 Knoblauchzehen
6 EL kaltgepreßtes Olivenöl
½ Bund glatte Petersilie
Salz
Pfeffer aus der Mühle
1 italienisches Weißbrot

Den Ruccola waschen und in eine Salatschüssel geben. Die geputzten Egerlinge in Scheiben und den abgetropften Mozzarella in Streifen schneiden. Beides zum Salat geben und leicht untermischen. Aus Salz, Pfeffer, Balsamicoessig und Olivenöl eine Marinade zubereiten und den Salat damit anmachen. Die Basilikumblätter nur grob zerkleinern und über den Salat streuen.

Die Tomaten entkernen und klein würfeln, eventuell auch häuten. Den Knoblauch durchpressen. Danach das Olivenöl, Salz, Pfeffer und die grob gehackte Petersilie untermischen und das Ganze eine halbe Stunde ziehen lassen.

Die italienischen Brotscheiben auf den Rost des Backofens legen und circa fünf Minuten knusprig backen. Die heißen Brotscheiben mit Olivenöl bestreichen und die Tomatenmischung darauf geben. Sofort mit dem Salat servieren.

Mariniertes Gemüse mit Roastbeef

von Diplom-Kaufmann Franz Freudenstein,
Inhaber des Kurhotels Am Mühlbach

Das Gemüse in nicht zu kleine Stücke schneiden und mit zerdrückten Pfefferkörnern, Salbei, Thymian, Salz, Knoblauch und Olivenöl marinieren. Anschließend im Backrohr fertigschmoren, erkalten lassen und mit Balsamicoessig abschmecken.

Das marinierte Gemüse auf Tellern anrichten und mit geschälten Tomaten, Basilikumblättern, blanchierten Erbsenschoten und Roastbeefscheiben ausgarnieren.

Dazu reicht man Ciabatta (italienisches Weißbrot).

4 Schalotten
1 Möhre
1 Zucchini
2 Petersilienwurzeln
5 Champignons
zerdrückte Pfefferkörner
Salbei
Thymian
Salz
Knoblauch
Olivenöl
Balsamicoessig

Zutaten zum Garnieren:

Roastbeef
Tomaten
Basilikumblätter
Erbsenschoten

Lauchsalat

von Elke Kress,
Hausfrau, Sailauf-Eichenberg

2 Lauchstangen
4 grüne Äpfel
6 hartgekochte Eier
1 Dose Ananas
Pfeffer
1 Glas Miracel Whip

Den Lauch waschen, putzen und in feine Ringe schneiden. Die Äpfel schälen und in kleine Würfel schneiden. Die hartgekochten Eier schälen und kleinschneiden. Die Ananas aus der Dose nehmen und in Stücke schneiden.

Anschließend alles in eine Schüssel schichten, mit etwas Pfeffer würzen und das Glas Miracel Whip untermischen.

Der Salat sollte lange vor dem Servieren zubereitet werden, damit er gut durchziehen kann.

Salat mit Käse

von Elena Mischelovitch,
ständige Vertretung von Nadjeschda e.V.
in St. Petersburg

Den Käse, die Ananas, die Äpfel, den Paprika und die Radieschen in kleine Würfel schneiden und in eine Schüssel geben. Mit Salz und Pfeffer würzen und die feingehackte Petersilie untermischen.

Aus Crème fraîche, Ananassaft und dem Roquefort eine Soße zubereiten, über den Salat gießen und untermischen.

200 g Käse (Gouda)
200 g Ananas aus der Dose
2 gr. Äpfel
200 g Paprika
175 g Radieschen
1 Bund Petersilie
1 Zwiebel

Zutaten für die Soße:

2 gr. EL Crème fraîche
4 gr. EL Ananassaft
75 g Roquefort

Curry-Krabben-Salat

von Daniela Lutteroth,
Diplom-Oecotrophologin
am Amt für Landwirtschaft und Ernährung

2	*mittelgroße Zwiebeln (100 g)*
4 EL	*Öl*
1-2 EL	*gutes Currypulver*
200 ml	*Hühnerbrühe*
½	*Salatgurke*
4	*Ingwerknollen in Sirup (aus dem Glas, 25 g)*
2 EL	*Ingwersirup*
3 EL	*Kokosraspeln (gehäuft)*
3 EL	*Zitronensaft*
3 EL	*trockener Sherry*
	Salz
	Pfeffer aus der Mühle
250 g	*Krabbenfleisch*
3-4	*Blatt Kopfsalat*

Die Zwiebeln pellen, fein hacken und in dem Öl glasig dünsten. Anschließend den Curry darüberstreuen und unter ständigem Rühren kurz mit anschwitzen. Danach mit der Brühe ablöschen.

Die Gurke waschen, halbieren, entkernen und mit der Schale in kleine Würfel schneiden. In die Brühe geben.

Den Ingwer sehr fein hacken und zusammen mit dem Ingwersirup und den Kokosraspeln ebenfalls in die Brühe geben.

Bei milder Hitze etwa zehn Minuten dünsten. Wenn nötig, noch etwas Brühe angießen. Anschließend mit Zitronensaft und Sherry abschmecken und mit Salz und Pfeffer würzen. Kalt werden lassen.

Kurz vor dem Servieren das Krabbenfleisch untermischen und auf Kopfsalatblättern anrichten.

Dazu reicht man Weißbot, einen trockenen Weißwein oder Bier.

Steinpilze geschmort

von Volker Lutteroth,
Badearzt und
Vorsitzender der kurärztlichen Vereinigung

2-4 kg Steinpilze
Butter oder
Olivenöl (üppig)
Knoblauch
frisches Basilikum
Thymian
Salz
Pfeffer
aus der Mühle

Die Steinpilze putzen, in dicke Scheiben schneiden und in reichlich Butter oder Olivenöl bei starker Hitze in der Pfanne anbraten.

Die Pfanne nicht zu voll füllen, lieber nacheinander braten.

Die Steinpilze mit Salz, frisch gemahlenem Pfeffer, einem Hauch Knoblauch und frischem Basilikum und Thymian würzen.

Die Steinpilze schmecken am besten, wenn sie in dicke Scheiben geschnitten werden.

Dazu kann man Weißbrot, Baguette, Toastbrot oder auch Spaghetti und einen österreichischen Rotwein reichen.

Meeresfrüchte-Salat

von Franziska und Met Metwooly,
Verwaltungsangestellte
bei der Gemeinde Bad Füssing

Zutaten für 4 Personen:

400 g	**tiefgefrorene Tintenfische**
125 g	**tiefgefrorene Scampi**
1	**Zwiebel**
½	**Knoblauchzehe**
¼ TL	**Salz**
$^{1}/_{8}$ l	**Weißwein**
125 g	**frische Miesmuscheln**
1 kl.	**Gelberübe**
½	**Zwiebel**
$^{1}/_{16}$ l	**Weißwein**
2	**Pfefferkörner**
¼ TL	**Salz**
1 kl.	**Kopf römischer Salat**

Für die Salatsauce:

1	**Schalotte**
3	**Knoblauchzehen**
½ B.	**Petersilie**
6 EL	**Olivenöl**
	Saft einer Zitrone
½ TL	**Salz**
1 Pr.	**weißer Pfeffer**

Die Tintenfische und die Scampi getrennt voneinander zugedeckt auftauen lassen. Für die Tintenfische die Zwiebel schälen und grobwürfeln. Die Knoblauchzehe schälen, kleinschneiden und mit dem Salz zerdrücken. Die Zwiebel, das Knoblauchsalz, den Wein und 1 Glas Wasser in einem großen Topf mischen. Von den Tintenfischen die kleinen Köpfe abschneiden und wegwerfen. Die Fangarme abschneiden. Die feine äußere Schleimhaut abziehen. Die Fische der Länge nach aufschneiden. Den Mittelknochen und die Innereien entfernen und wegwerfen. Die Fische gründlich unter fließendem kalten Wasser waschen. In etwa 5 cm große Stücke schneiden. Den vorbereiteten Sud zum Kochen bringen, die Tintenfischstücke hineingeben und zugedeckt bei schwacher Hitze in 30 Minuten garen lassen.

Für die Muscheln die Gelberübe schaben und kleinschneiden. Die Zwiebelhälfte achteln. Die Gelberübe, die Zwiebel, den Wein, 1 Glas Wasser, die Pfefferkörner und das Salz in einem Topf mischen und zum Kochen bringen. Die Muscheln einzeln unter fließendem kaltem Wasser bürsten und den "Bart" entfernen. Die Muscheln (nur geschlossene Muscheln verwenden) in den kochenden Sud schütten. Die Muscheln zugedeckt bei starker Hitze 10 Minuten kochen lassen. Die Muscheln sind gar, wenn sich alle Schalen geöffnet haben. Den Topf dann vom Herd nehmen und die Muscheln im Sud erkalten lassen. Die Tintenfischstücke in ein Sieb schütten, abtropfen und erkalten lassen.

Den römischen Salat putzen, die einzelnen Blätter waschen und gut abtropfen lassen. Eine Platte mit den Salatblättern auslegen. Die Schalotte und die Knoblauchzehen schälen und kleinhacken, die Petersilie kleinschneiden. Das Öl mit dem Zitronensaft, dem Salz, dem Pfeffer, der Schalotte, dem Knoblauch und der Petersilie verrühren.
Die Scampi mit den Tintenfischstücken mischen und auf die Salatblätter legen. Die Muscheln abtropfen lassen und in den geöffneten Schalen ebenfalls auf dem Salat anrichten. Alles mit der Salatsauce beträufeln. Die Salatplatte mit Klarsichtfolie überziehen. Die "frutti di mare" 10 Minuten durchziehen lassen. Eventuell Zitronensaft dazureichen.

Fleisch

Fränkischer Schweinebraten

von Adelgunde Werner,
Hausfrau, Glattbach

1 kg	*Schweinefleisch (Schulterstück)*
1 TL	*Salz*
1 TL	*Pfeffer*
1 Pr.	*Zucker*
1	*Zwiebel*
1	*Knoblauchzehe*
½ l	*Weißwein*
1	*Bratenwürfel*
	Suppengrün
5	*Lorbeerblätter*
	Wacholderbeeren
	Pfefferkörner
	Majoran
1	*kleiner Zweig Thymian*
2-3	*Scheiben altes Weißbrot*

Das Fleisch mit Salz und Pfeffer einreiben und von allen Seiten in heißem Pflanzenfett oder fetterem Speck kräftig anbraten. Die Zwiebel und die Knoblauchzehe schälen und ebenfalls in dem Fett anbraten. Anschließend mit dem Weißwein ablöschen und die restlichen Zutaten in den Sud legen.

Den Deckel schließen und das Fleisch eineinhalb Stunden bei 200 Grad im Backofen schmoren lassen.

Wenn das Fleisch zart ist, wird es aus dem Topf genommen und warmgehalten. Den Sud durch ein Sieb streichen und die fertige Soße mit Pfeffer und einer Prise Zucker abschmecken.

Das warmgehaltene Fleisch in Scheiben schneiden und mit der Soße servieren.

Pichelsteiner

von Günther Baumgartner,
Dienststellenleiter der
Polizeistation Bad Füssing

circa	
450 g	*Schweinefleisch*
4-5	*Möhren (Karotten)*
8-10	*Kartoffeln*
60 g	*Fett*
2-3	*Zwiebeln*
½ l	*Fleischbrühe*
	Salz
	Pfeffer
	Petersiliengrün
	Bratfett

Die Zwiebeln und die geputzten Karotten fein schneiden, das Fleisch würfeln. Die Kartoffeln waschen, schälen und in Scheiben schneiden.

Die feingeschnittenen Zwiebeln in heißem Fett anrösten, das Fleisch zugeben und kurz mitrösten, bis es Farbe genommen hat. Nun salzen und pfeffern, dann alles zusammen 20 Minuten zugedeckt schmoren lassen.

Danach die Kartoffelscheiben und die kleingeschnittenen Karotten dazugeben, mit der kräftigen Fleischbrühe aufgießen und noch 45 Minuten bei niedriger Hitze kochen lassen. Erst wenn alles gar ist, umrühren.

Wenn nötig, während des Dämpfens etwas Flüssigkeit nachgießen. Eventuell nachwürzen.

Den Pichelsteiner mit gehackter Petersilie bestreut anrichten.

Steckrübeneintopf

von Alois Gassner,
Bäder-Pressedienst

40 g	*Schweineschmalz oder Margarine*
circa 300 g	*Schweinenacken*
1-2	*Zwiebeln*
	Salz
	Pfeffer
1 kg	*Steckrüben*
750 g	*Kartoffeln*
$^3/_8$ l	*Wasser*
1	*Würfel fette Brühe*
	etwas flüssige Speisewürze
1 Pr.	*Zucker*
	etwas Milch (nach Geschmack)
	Petersilie

Das Fleisch in kleine Würfel schneiden und im heißen Fett schwach bräunen. Die Zwiebeln würfeln, kurz mitdünsten und würzen.

Die Steckrüben und die Kartoffeln kleinschneiden und zugeben. Das Wasser angießen und den Brühwürfel zufügen. Alles zum Kochen bringen und auf kleiner Stufe circa 60 Minuten garen.

Je nach gewünschter Konsistenz noch etwas Wasser zugießen. Mit Salz, Pfeffer und eventuell Milch abschmecken.

Den Eintopf mit Petersilie bestreut servieren.

Kassler Ripperl mit Kraut und Knödeln

von Karl Mayrhofer,
1. Vorsitzender des
Ortsverschönerungsvereins Egglfing

Das Fleisch vom Metzger einhacken lassen.

Das vorbereitete Fleisch mit dem Suppengemüse und den grob zerkleinerten Zwiebeln in etwas Öl von allen Seiten anbraten. Das Fleisch braucht nicht gewürzt werden, da es schon gepökelt ist. Wenn es von allen Seiten schön braun ist, mit Wasser oder etwas Brühe aufgießen und bei etwa 200 Grad in der Bratröhre circa eine Stunde braten.

Inzwischen die Knödel nach Packungsvorschrift zubereiten und das Sauerkraut kochen.

Nach der Bratzeit das Fleisch herausnehmen, die Knochen entfernen und in Scheiben schneiden.

Für die Soße den Bratensaft aufkochen und die Zwiebeln mit dem Suppengemüse durchpassieren.

Das Fleisch in die Soße legen und mit den Knödeln und dem Sauerkraut servieren.

Guten Appetit!

1 kg	*rohes Kassler*
1 Bund	*Suppengemüse*
2	*Zwiebeln*
	etwas Öl
	etwas Wasser oder Brühe
1	*Packung Pfanni-Knödel halb und halb*
	Sauerkraut

Lauchauflauf

von Lorenz Diet,
Rektor der Grundschule Bad Füssing

4	***Schnitzel (Schwein oder Pute)***
1	***Zwiebel***
2	***Knoblauchzehen***
	Salz
	Pfeffer
	Paprika
6	***Lauchstangen***
$^{1}/_{8}$ l	***Sahne***
250 g	***geriebener Emmentaler***

Das Fleisch in Streifen schneiden und in heißem Fett anbraten. Die kleingewürfelte Zwiebel und den Knoblauch zugeben und kurz mit anbraten. Mit Salz, Pfeffer und Paprikapulver kräftig würzen, mit wenig Wasser aufgießen und garen lassen.

Inzwischen den Lauch waschen, putzen und in fünf bis sechs Zentimeter lange Stücke schneiden. Die Lauchstücke in Salzwasser garen.

Die Hälfte des Lauchs in eine feuerfeste Form geben, das Fleisch daraufgeben und mit dem restlichen Lauch bedecken. Nun gießt man die Sahne darüber und bestreut das Ganze mit Käse.

Den Auflauf bei 200 Grad 30 Minuten backen.

Als Beilage eignet sich Reis und ein gemischter Salat.

Schweinelendchen in Blätterteig

von Dr. Markus Werner,
Zahnarzt und Gemeinderat

1 Schweinefilet
Salz
Pfeffer
scharfer Senf
1 Pck. gefrorener Blätterteig
200 g gekochter Schinken
200 g Hartkäse in Scheiben geschnitten

Das Schweinefilet im Ganzen in Olivenöl scharf anbraten. Danach mit Salz und Pfeffer würzen und mit scharfem Senf bestreichen.

Die inzwischen angetauten Blätterteigscheiben aneinanderlegen und mit den Schinkenscheiben belegen. Die Käsescheiben über die Schinkenscheiben geben, das Filet darauflegen und darin einrollen.

Das so vorbereitete Filet auf ein Backblech geben und im vorgeheizten Ofen bei 220 Grad etwa 20 bis 25 Minuten backen.

Dazu kann man Kroketten oder auch nur Salat servieren, Getränke je nach Belieben.

Weil alles so einfach ist, kann sich der/die Gastgeber/in ganz den Gästen widmen. Das tut der Laune und den Gesprächen gut.

Schweinemedaillons in Curryrahm mit Spätzle

von Gert Tubach,
Oberstleutnant und Kommandeur,
Rottalkaserne Waldstadt

circa
600 g Schweinefilet
1 mittelgroße Zwiebel
Fleischbrühe
circa
150 g Champignons
1 kleine Knoblauchzehe
1 Pr. Pfeffer
Currypulver
Sahne

Zutaten für die Spätzle:

4 Eier
1 Pr. Salz
1 Schuß Mineralwasser
Mehl
Butter
Semmelbrösel

Die Zwiebel fein hacken und in einer Kasserolle andünsten. Das Filet in daumenstarke Scheiben schneiden, zu den Zwiebeln geben und anbraten. Mit der Fleischbrühe ablöschen, so daß das Fleisch gut bedeckt ist.

Nun die vorbereiteten und eventuell geschnittenen Champignons sowie die zerdrückte Knoblauchzehe zugeben und mit frisch gemahlenem Pfeffer würzen. Das Fleisch auf kleiner Flamme köcheln lassen, bis es gar ist. Nun so viel Currypulver einrühren, daß ein würziger, aber nicht vordringlicher Geschmack entsteht.

Vor dem Servieren wird die Soße mit Sahne eingedickt und verfeinert.

Zur Zubereitung der Spätzle werden die Eier mit dem Salz und einem Schuß frischem Mineralwasser verquirlt. Danach soviel Mehl einrühren, bis ein zähflüssiger Teig entsteht. Den Teig kurz ruhen lassen, dann nochmals rühren und schlagen.

Reichlich Salzwasser zum Sieden, nicht zum Kochen bringen. Den Teig auf ein Brett geben und vom Brett ins Wasser schaben. Die fertigen Spätzle mit einem Schaumlöffel herausheben.

Die Semmelbrösel in der Butter leicht bräunen und die Spätzle vor dem Servieren darin wenden.

Zu diesem Essen paßt ein grüner Salat und ein fruchtiger Weißwein (zum Beispiel ein Badener oder Württemberger) sehr gut.

Champignonfilet

von Renate Praus,
Angestellte bei der Therme II

2	*Kartoffeln*
1 gr.	*Schweinefilet*
	Salz
	weißer Pfeffer
2 EL	*Semmelbrösel*
2 EL	*geriebener Parmesan*
5 EL	*Öl oder Margarine*
200 g	*frische Champignons*
1 EL	*Butter oder Margarine*
1 B.	*Schlagsahne*
4 EL	*Weißwein*
1	*Eigelb*
	Knoblauchpulver
1 EL	*Petersilie*

Die Kartoffeln waschen, schälen und in Scheiben schneiden. In leicht gesalzenem Wasser kochen und danach warmstellen.

Das Schweinefilet in Scheiben schneiden, mit dem Handrücken flachdrücken und mit Salz und Pfeffer würzen. Die Semmelbrösel mit dem Käse vermischen, die Fleischscheiben darin wenden und die Panade fest andrücken.

Das Öl oder die Margarine in einer großen Pfanne erhitzen und die panierten Filetscheiben darin auf beiden Seiten bei geringer Hitze je fünf Minuten braten.

Inzwischen die Champignons putzen, in Scheiben schneiden und in heißer Butter oder Margarine anbraten. Nach und nach die Sahne einrühren und bei schwacher Hitze dick einkochen. Den Wein mit dem Eigelb verquirlen, unter die Pilze rühren und würzen. Nun nicht mehr kochen lassen.

Die heißen Kartoffelscheiben und die Filetscheiben auf einer vorgewärmten Platte anrichten und mit der Champignonsoße überziehen. Mit Petersilie bestreut servieren.

Ich empfehle dazu reichlich Kopfsalat und Kartoffelkroketten, zu Trinken einen Rotwein.

Cordon bleu

von Konrad Gansmeier,
Direktor des kommunalen Kurmittelhauses

4 dicke Kalbsschnitzel (je 150 g)
4 Sch. roher oder gekochter Schinken
4 Sch. Emmentaler

Zutaten zum Panieren:

Mehl
1 Ei
Semmelbrösel
reichlich Backfett

Die Schnitzel klopfen, dann mit einem scharfen Messer seitlich aufschneiden, so daß eine Tasche entsteht. Je eine kleine, dickere Käsescheibe mit einer Schinkenscheibe umhüllen und das Schnitzel damit füllen. Die Schnitzel mit Zahnstochern zustecken.

Anschließend die Schnitzel salzen, dann in Mehl, verschlagenem Ei und den Semmelbröseln panieren. In heißem Fett auf jeder Seite etwa sechs Minuten goldbraun backen.

Danach die Hölzchen entfernen und die Schnitzel mit Zitronenscheiben und Petersilie anrichten.

Dazu kann man Pommes frites, Mandelkroketten, Remouladensoße und Salat reichen.

Curryfilet mit gebackenen Bananen

von Dr. Rudolf Weiß,
Katholischer Kurseelsorger

Befreien Sie das Filet von Haut und Sehnen. Danach reiben Sie es mit Salz und Pfeffer ein und legen es in die gewässerte Tonform. Bestreuen Sie es möglichst gleichmäßig mit dem Currypulver und decken Sie es mit Räucherspeck ab.

Neben das Filet legen Sie die geschälten, ganzen Bananen und beträufeln sie mit Zitronensaft.

Nun schließen Sie die Form und lassen das Curryfilet mit den Bananen etwa 45 Minuten backen.

Als Beilage reichen Sie körnigen Reis oder Pommes frites.

1	*Kalbsfilet*
5-7	*durchwachsene Räucherspeckscheiben*
1 TL	*Currypulver*
	Salz
	Pfeffer
4	*Bananen*
	Zitronensaft

Herrengulasch

von Max Mangold,
Weinhandelskaufmann

500 g Kalbfleisch (Hals oder Schulter)
2 Zwiebeln
Butter
Fleischbrühe
Weißwein
1 Lorbeerblatt
Pfeffer
Aromat
wenig Salz (Selleriesalz)
Mehlschwitze
reichlich Sahne

Das Kalbfleisch in Würfel schneiden, die Zwiebeln schälen und hacken.

Die kleingeschnittenen Zwiebeln in Butter glasig dünsten, dann die Kalbfleischwürfel dazugeben.

Die Fleischbrühe und den Weißwein extra in einem Topf aufkochen. Danach das Fleisch damit ablöschen und eine Stunde köcheln lassen. Erst dann etwas Lorbeerblatt kleinhacken und mit Pfeffer, Aromat und kaum Salz (eventuell Selleriesalz) abschmecken. Die Mehlschwitze oder Mondaminschwitze dazugeben, aufkochen und vom Herd nehmen. Zum Schluß die süße, flüssige Sahne zufügen.

Dazu empfehle ich einen feinfruchtigen, rubinroten St. Laurent aus der Thermenregion (Österreich). Selbstverständlich sind auch andere, nicht zu wuchtige Rotweine, mit nicht zu kräftigen Tanninen durchaus empfehlenswert.

Rindergulasch

von Georg Gass,
Inhaber der Kurpension Haus Gass

½-¾ kg	*Rindfleisch (von der Rose, Lende oder Wadschenkel)*
40-60 g	*Fett*
2-3	*Zwiebeln*
2-4 EL	*Mehl*
	Salz
	Paprika
¾-1 l	*heiße Flüssigkeit*

Zutaten zum Verbessern:

Tomaten oder etwas Tomatenmark
Rahm
Zitronensaft
etwas Zitronenschale
nach Belieben

Das Fleisch waschen, klopfen und in große (etwa 2 - 3 cm) Würfel schneiden. Mit dem Paprika bestreuen und in dem sehr heißen Fett anbräunen. Bei größeren Mengen portionsweise anbraten.

Wenn der Saft eingesogen und das Fleisch schön gebräunt ist, die feingeschnittenen Zwiebeln zugeben und anbräunen. Danach mit dem Mehl bestäuben, anbräunen lassen und mit der kochenden Flüssigkeit nach und nach aufgießen, dann erst salzen. Das Gulasch zugedeckt gar schmoren.

Eine Viertelstunde vor beendeter Garzeit die Verbesserungszutaten zugeben; das Stückchen Zitronenschale nur kurz mitkochen lassen, dann entfernen.

Pikanter Burgunder-Schmorbraten

von Rudolf Ammermüller,
Geschäftsstellenleiter der
Sparkasse Bad Füssing

$^{3}/_{4}$-1 kg	*Rinderbraten*
	Salz
	Pfeffer
	Senf
2 gr.	*Zwiebeln*
1	*Karotte*
¼	*Sellerieknolle (1 Bund Suppengrün)*
50 g	*geräucherter Speck*
2 EL	*Öl*
2 EL	*Margarine*
1 TL	*Pfefferkörner*
2	*Lorbeerblätter*
1 EL	*Mehl*
3-4	*reife Tomaten*
¼ l	*Rotwein*
¼ l	*Wasser*
	Streuwürze
$^{1}/_{8}$ l	*Sahne (evtl.)*
1 EL	*getrocknete Steinpilze*

Den Rinderbraten salzen, pfeffern und mit Senf einreiben. Die Zwiebeln, die Karotte und die Sellerieknolle schälen und in grobe Würfel schneiden. Das Fett in einem Topf heiß werden lassen und das Fleisch bei großer Flamme von allen Seiten stark anbraten, dann herausnehmen.

Anschließend den kleingewürfelten Speck, das gewaschene Suppengemüse, die Zwiebeln und ein Lorbeerblatt nacheinander zufügen und mitrösten. Danach die Gewürze und das Mehl zufügen und zwei bis drei Minuten weiterdünsten.

Nun die Tomaten, den Rotwein und das Wasser zu dem Gemüse geben und das Fleisch wieder dazulegen. Zugedeckt unter mehrmaligem Wenden circa 105 Minuten schmoren.

Zum Schluß die Soße durchseihen, die getrockneten Steinpilze zugeben und fünf Minuten in der Soße kochen lassen. Mit etwas Streuwürze oder eventuell mit Sahne abschmecken. Das Fleisch in Scheiben schneiden und mit der Soße anrichten.

Dazu trinke ich einen trockenen Rotwein aus Frankreich. Als Beilage serviert meine Frau Blattsalat mit Balsamico-Dressing.

Gespickter Sauerbraten "sächsisch"

von Richard Stopp,
Inhaber des Parkhotels Bad Füssing

1 kg	*Rindfleisch zum Schmoren*
100 g	*fetter Speck*
75 g	*Pflanzenfett*
50 g	*Mehl*
1 P.	*Soßenlebkuchen*
2 EL	*Tomatenmark*

Zutaten für die Marinade:

½ l	*Wasser*
2	*Zwiebeln oder*
1	*Porreestange*
1	*Möhre*
¼	*Sellerieknolle*
4-5	*Nelken*
1	*Lorbeerblatt*
1 TL	*zerdrückte Pfefferkörner*
½ TL	*Thymian*
1 EL	*Zucker*
1 EL	*Salz*

Das Gemüse für die Marinade grob würfeln und nach Geschmack auch ein bis zwei Knoblauchzehen dazugeben. Aus Essig, Wasser, Nelken, Lorbeerblatt, zerdrückten Pfefferkörnern, Thymian, Zucker, Salz und dem Gemüse eine Marinade kochen. Das Gemüse und die Gewürze gut durchkochen, damit sich die Aromastoffe voll entwickeln können. Danach die Marinade erkalten lassen.

Das Rindfleisch waschen, trockentupfen und mit dem in feine Streifen (etwa 4 cm lang) geschnittenen Speck spicken. Das gespickte Fleisch nun für etwa drei bis vier Tage in die Beize legen, wobei es unbedingt von Flüssigkeit bedeckt sein muß. Das Gefäß abdecken und kühlstellen.

Das Fleisch aus der Marinade nehmen, abtrocknen und die Marinade durchseihen. Nun den Braten auf jeder Seite knusprig braun anbraten, dann das Gemüse mitschmoren. Zunächst löffelweise etwas Marinade an das Bratfett geben und zwei- bis dreimal einkochen lassen. Das Tomatenmark zugeben und das Mehl darüberstäuben, durchrösten, bis es eine mittelbraune Farbe hat und mit der Hälfte der Marinade ablöschen. Zugedeckt etwa 90 Minuten bei 200 bis 220 Grad schmoren lassen, bei Bedarf Wasser oder Marinade zugeben.

Den Soßenlebkuchen zerbröseln und in einem Viertelliter Beize etwa 30 Minuten einweichen. Den Braten nach der Garzeit aus der Soße nehmen und warmstellen. Den Soßenlebkuchen an die Soße geben, kurz durchkochen, nachwürzen, abschmecken und durchseihen.

Den Braten in nicht zu dünne Scheiben schneiden, wieder in die Soße geben und mit grünen Klößen servieren.

Gekochter Tafelspitz vom Mastochsen

von Peter Haslinger,
Inhaber des Haslinger Hofs

---

1 Tafelspitz (circa 1 kg)
4 l Wasser
Wacholderbeeren
Lorbeerblätter
Salz
Suppengemüse (Sellerie, Karotten, Zwiebel, Petersilie)
400 g geschälte Kartoffeln
400 g Gemüse nach Wahl (zum Beispiel Broccoli)

Zutaten für die Semmelkrensoße:

100 g Mehl
100 g Butter
0,5 l Milch
Salz
weißer Pfeffer
Zitronensaft
Worchestersoße
Zucker
40 g frischer Meerrettich
0,1 l Weißwein
1 Semmel
50 g Zwiebeln

Einen Sud aus Wasser, Salz, Wacholderbeeren und Lorbeerblättern zum Kochen bringen und dann den Tafelspitz einlegen. Nach circa zwei Stunden das vorbereitete Suppengemüse zugeben und noch eine Stunde fertigkochen.

Die geschälten Kartoffeln 20 Minuten in Salzwasser garen.

Für die Semmelkrensoße die Zwiebelwürfel in Butter andünsten. Das Mehl darüberstäuben und gut anschwitzen lassen, ohne Farbe zu nehmen. Nun mit kalter Milch aufgießen, die Gewürze zugeben und unter Rühren zum Kochen bringen. Danach mit einem halben Liter der vom Tafelspitz abgegossenen Brühe aufgießen, den geriebenen Meerrettich und die Semmel (ohne Rinde) zugeben und mitkochen. Zum Schluß die Soße pürieren.

Das Gemüse in servierfertige Stücke schneiden, in heißem Salzwasser blanchieren und danach kalt abschrecken.

Den Tafelspitz in Scheiben schneiden, mit der Semmelkrensoße überziehen und mit Salzkartoffeln und Gemüse anrichten.

Tafelspitz in leichter Senfsauce

von Franz J. Hutter,
1. Vorsitzender des
CSU-Ortsverbandes Bad Füssing

Das Fleisch in heißem Wasser aufsetzen, so daß es gerade bedeckt ist. Kurz aufkochen lassen, abschäumen und das Gemüse und die Gewürze zufügen. Im offenen Topf langsam circa eineinhalb Stunden kochen.

Einen halben Liter Brühe in eine Kasserolle seihen, den Senf und die Mehlbutter kräftig einschlagen und unter ständigem Rühren aufkochen. Das Eigelb mit der Sahne verquirlen und die Sauce damit legieren. Zum Schluß mit Salz und Worchestersauce abschmecken.

Das Fleisch in Scheiben schneiden und mit der Sauce servieren.

Dazu reicht man jungen Lauch, glasierte Möhren oder Blattspinat und Bouillonkartoffeln.

1 kg	*Rinderschwanzstück (Unterschale)*
1	*Lauchstange*
2	*Möhren*
1	*Zwiebel*
50 g	*Sellerie*
	Salz
	einige Pfefferkörner
2	*Lorbeerblätter*
2 EL	*Senf*
1/8 l	*Sahne*
3	*Eigelb*
	Salz
	Worchestersauce
50 g	*Mehlbutter (15 g Butter mit 35 g Mehl verknetet)*

Deutsches Beefsteak

von Dr. med. Edgar Lind,
Frauenarzt und Kurarzt

½	*Brötchen*
¼ l	*Milch*
500 g	*gehacktes Beefsteakfleisch (vom Kluftsteak)*
5	*Eier*
	Salz
	Pfeffer
	Margarine zum Braten
	Butter
1 Dose	*feine Erbsen (oder TK)*
1 Dose	*Karotten (oder TK)*
1 Dose	*Spargel*
	Petersilie
1	*Salatgurke*
3	*Tomaten*

Das Brötchen in der Milch einweichen, dann ausdrücken. Aus dem Fleisch, dem ausgedrückten Brötchen und einem Ei einen Teig kneten. Diesen mit Salz und Pfeffer kräftig würzen und vier Steaks daraus formen. Die Steaks in der heißen Margarine scharf anbraten und dann langsam durchbraten.

Die restlichen Eier in heißer Butter zu Spiegeleiern ausbraten. Das abgetropfte Gemüse in Butter erhitzen.

Jedes Hacksteak mit einem Spiegelei krönen und mit den Gemüsen umlegen. Mit Petersilie, Gurken- und Tomatenscheiben garnieren und mit Bratkartoffeln servieren.

Dazu trinkt man ein Bier.

Krautauflauf

von Stephan Rubenbauer,
Abteilungsdirektor der
Johannesbad Reha-Kliniken

Die in Wasser eingeweichte Semmel wird gut ausgedrückt und mit dem Hackfleisch, den Eiern, einer gehackten Zwiebel und den Gewürzen gut vermischt.

Die übrige Zwiebel und den Frühstücksspeck würfeln und in einem Topf andünsten. Danach gibt man das Sauerkraut dazu und je nach Belieben noch einen kleingeschnittenen oder geraspelten Apfel, Weißwein und Salz.

Das Kartoffelpüree selbst zubereiten, ganz gut funktioniert es aber auch mit Püree aus der Packung. Das Püree sollte nämlich nicht zu weich sein!

In eine mit Butter ausgestrichene feuerfeste Form füllt man zuerst das Püree, als nächste Schicht den Hackfleischteig und als letzte Schicht das Sauerkraut.

Den Krautauflauf bei 175 Grad circa 45 Minuten erhitzen.

Als Getränke empfehle ich einen Riesling aus der Pfalz oder durchaus auch ein (helles oder dunkles) Bier.

Guten Appetit!

circa 500 g	*Hackfleisch*
1	*alte (oder neue) Semmel*
1-2	*Eier*
2	*Zwiebeln*
50 g	*Frühstücksspeck*
circa 500 g	*Sauerkraut*
30 g	*Fett*
	Kartoffelpüree (gut auch aus der Packung zu verwenden!)
	Salz
	Pfeffer
	Petersilie
	Majoran
	Basilikum
	Thymian
	Apfel
	Weißwein
	(alles je nach Geschmack)

Blumenkohlauflauf à la Norbert Schäfer

von Norbert Schäfer,
Ministerialdirektor a.D. und langjähriger stellvertretender Sprecher der Bundesregierung

---

1 Blumenkohl
500 g Möhren
1 kg Rinderhackfleisch
Salz
Pfeffer
Knoblauch

Zutaten für die Sauce:

50 g Butter
etwas magerer Speck
Blumenkohl/Möhrensud
etwas Milch
2 Velveta-Schmelzkäseecken
etwas Speisestärke
Salz
Pfeffer
Knoblauch

Den vorbereiteten Blumenkohl und die Möhren in einer Brühe kochen. Den Sud bitte aufheben.

Das Rinderhackfleisch mit Salz, Pfeffer und Knoblauch würzen und in einem großen Kessel kurz anbraten.

Für die Sauce lassen wir einen Streifen mageren Speck mit der Butter aus und füllen mit dem Blumenkohl/Möhrensud und etwas Milch auf. Den Schmelzkäse hineinbröckeln und rühren, bis er sich aufgelöst hat. Mit etwas Speisestärke andicken und mit Salz, Pfeffer und Knoblauch abschmecken.

Eine Auflaufform ausfetten und schichtweise Blumenkohl, Möhren und Rindergehacktes einfüllen. Anschließend die Sauce darübergießen und im Backofen bei 160 Grad überbacken, bis die Käseschicht braun wird.

Als Getränk dazu paßt am besten Bier.

Dieses Rezept stammt aus dem von Hannelore Kohl herausgegebenem Buch „Was Journalisten anrichten" aus dem Jahre 1985. Wie Sie wissen, halte ich die Entwicklung guter deutsch-russischer Beziehungen für sehr wichtig.

Gefüllte Paprikaschoten

von Ariane Freier,
Redakteurin der Passauer Neuesten Presse

Zutaten für 2 Personen:

2 gr.	*gelbe Paprikaschoten*
1 kl.	*Zwiebel*
3 EL	*Öl*
250 g	*gemischtes Hackfleisch*
1-2 TL	*Oregano*
	Rosen-Paprikapulver
	Salz
	schwarzer Pfeffer aus der Mühle
150 g	*milder Schafskäse (ersatzweise anderer Käse)*
1	*Ei*
2 EL	*gehackte Petersilie*
150 ml	*Wasser*

Von den Paprikaschoten am Stielende einen Deckel abschneiden. Mit einem spitzen Messer die Kerngehäuse entfernen. Die Schoten unter fließendem Wasser waschen, dann abtrocknen.

Die Zwiebel schälen, fein würfeln und in zwei Eßlöffeln heißem Öl glasig anschwitzen. Das Hackfleisch dazugeben, mit Oregano, Pfeffer, Salz und Paprika würzen und unter Rühren etwa fünf Minuten braten.

Anschließend das Hackfleisch in eine Schüssel geben, den kleingewürfelten Schafskäse zugeben und mit dem Ei und der gehackten Petersilie vermischen. Zum Schluß pikant abschmecken. Den Hackfleischteig in die Paprikaschoten füllen und den Deckel aufsetzen.

Das restliche Öl in einem Schmortopf erhitzen, die Schoten hineinsetzen und kurz anbraten. Danach mit Wasser ablöschen, zudecken und bei milder Hitze etwa 30 Minuten schmoren.

Statt Schafskäse eignet sich auch junger Gouda, der grob gerieben werden sollte. Die Füllung wird dadurch fester und milder im Geschmack. Rote Paprikaschoten sind süßer und würziger, grüne schmecken eher herb.

Lammcurry

von Heinz Egginger,
Kurdirektor von Bad Füssing

Zutaten für 12 bis 15 Personen:

2-3	***Tomaten***
3 kg	***Lammfleisch (aus der Keule)***
750 g	***Zwiebeln***
50 g	***Margarine oder Butterschmalz***
2	***Chilischoten***
5	***Lorbeerblätter***
50 g	***Ingwer, eingelegt oder frisch***
	Salz
1 TL	***Kardamon***
1 TL	***Kreuzkümmel***
2 TL	***Koriander***
2 TL	***roter Safran***
1 TL	***brauner Zucker***
800 ml	***Lammfond***
1000 g	***Tomaten***
600 ml	***Brühe***
500 ml	***Sahne***

Das Lammfleisch in gulaschgroße Würfel schneiden.

Einen Universalbräter auf der Kochstelle bei maximaler Einstellung etwa zehn Minuten erhitzen. Das Fett in den Bräter geben und erhitzen. Nun das Fleisch zugeben und unter Wenden braun anbraten. Danach die Zwiebeln zugeben und ebenfalls anbraten. Zum Schluß die Chilischoten, die Lorbeerblätter, den Ingwer und die Gewürze untermischen und mit dem Lammfond aufgießen.

Den Universalbräter in den Backofen einsetzen und das Lammcurry schmoren. Nach etwa 50 Minuten Garzeit die in Würfel geschnittenen Tomaten, die Brühe und die Sahne zufügen, untermengen und weitere 40 Minuten garen, dabei mehrmals wenden.

Das Curry nach der Garzeit pikant abschmecken und mit Basmatireis servieren.

Lammkeule in Senfkruste

von Norbert Scherer,
Inhaber des Appartement-Hotels Rottaler Hof

Die Lammkeule von der äußeren Hautschicht befreien, so daß ein leichter Fettrand stehen bleibt. Nach Geschmack mit geviertelten Knoblauchzehen spicken. Die Keule mit Salz und Pfeffer würzen. Mit Öl bestreichen und in einem Bratgefäß in den auf 220 Grad vorgeheizten Backofen schieben. Nach einer halben Stunde herausnehmen, kurz abkühlen lassen und gleichmäßig mit der aus Senf, Eigelb, Kräutern und Weißbrotkrume bereiteten Senfkräutermasse bestreichen. Danach wieder in die Bratröhre schieben und die kleingehackten Knochen beifügen. Alle fünf Minuten mit dem Bratfett übergießen. Nach 20 Minuten die Keule herausnehmen und auf einem Gitter ausruhen lassen.

Inzwischen das Wurzelgemüse und zwei frische Tomaten in das Bratgefäß geben und mit den Knochen gut durchrösten. Das Fett abgießen und den entstandenen Bratfond mit dem Lemberger und dem Kalbsfond aufgießen. Auf einen Achtelliter Flüssigkeit einkochen und dann die Sauce durchpassieren. Den beim Anschneiden der Keule austretenden Fleischsaft auffangen, zur Sauce geben, die kalte Butter darunter schwenken und nochmals reduzieren, bis eine leicht sämige Konsistenz erreicht ist. Die Lammkeule entlang des Knochens aufschneiden und auf einer gut gewärmten Platte mit einem Sträußchen Basilikum anrichten. Als Beilage serviert man frische Böhnchen, Kressekartoffeln oder Kartoffelgratin dazu.

Die Liebe zu Lammgerichten fand ich in der Schweiz! Im Rahmen eines Schulausfluges mit der Hotelfachschule Heidelberg besuchten wir Lausanne, um die Schweizer Gastronomie kennenzulernen. Bei einem gemeinsamen Abendessen in einem wunderschönen Restaurant wurde ein Lammgericht mit Kartoffelgratin serviert, das mich regelrecht überwältigt hat. Seit dieser Zeit wünsche ich mir zu besonderen Anlässen immer ein Lammgericht, und Kartoffelgratin darf nie fehlen. Dazu empfehle ich einen Heilbronner Trollinger oder Trollinger mit Lemberger.

1	*Lammkeule (ca. 1,2 - 1,5 kg)*
300 g	*Lammknochen*
150 g	*kleingewürfeltes Wurzelgemüse*
2	*Fleischtomaten*
¼ l	*Lemberger*
¼ l	*Kalbsfond*
40 g	*Butter*
	eventuell Knoblauchzehen
	Salz
	Pfeffer
	Öl zum Bestreichen der Keule

Zutaten für die Senfkruste:

2 EL	*Estragonsenf (circa 80 g)*
2	*Eigelb*
	Kerbel, Rosmarin, Majoran, Thymian, Basilikum und Blattpetersilie, alles fein gehackt
100 g	*frische, geriebene Weißbrotkrume*

Lammkotelett mit grünen Bohnen

von Seiner Königlichen Hoheit
Luitpold Prinz von Bayern

4	*Lammkoteletts à etwa 120-140 g*
60 g	*Butter*
	Salz
1 TL	*gehackter Thymian*
	Schale ¼ unbehandelten Zitrone
	Pfeffer aus der Mühle
25 St.	*extra kleine, neue Kartoffeln*
1 EL	*fein gehackter Kerbel*
1 EL	*fein gehackte Petersilie*
	etwas Öl
	Salz
1 EL	*Butter*
	Bohnen

Die Koteletts vom Metzger an der Fettkante einschneiden und den Endknochen an beiden Seiten abhacken lassen.

Für die Kräuterbutter die weiche Butter mit einer Prise Salz schaumig schlagen, bis sie hell und sahnig geworden ist. Den gehackten Thymian und die abgeriebene Zitronenschale unterrühren. Die Kräuterbutter auf Alufolie zu einer Rolle (etwa 3 - 4 cm Durchmesser) formen und kaltstellen.

Die Kartoffeln auf gleiche Größe schälen und tournieren, in leichtem Salzwasser - mit noch etwas Biß - abkochen und abschütten. In eine Pfanne etwas Öl und Butter geben, die Kartoffeln darin schwenken und etwas Farbe annehmen lassen, gut durchsautieren, mit Salz und Pfeffer abschmecken und kurz vor dem Anrichten die frischen Kräuter unterschwenken.

Dann die Koteletts in heißem Öl von jeder Seite 1 Minute braten. Salzen und pfeffern. Die Pfanne von der Kochstelle ziehen, auf jedes Kotelett eine Scheibe Kräuterbutter legen, die Pfanne schließen und 1 - 2 Minuten stehen lassen.

Die restliche Kräuterbutter im Kühlschrank aufbewahren oder einfrieren. Haltbarkeit: etwa 3 Monate.

Die Kotteletts in der Butter durchschwenken und mit den Bohnen und Kartoffeln auf vorgewärmten Tellern servieren.

Geflügel und Wild

Hähnchen in Weißwein

von Elisabeth Egginger,
Hausfrau, Inhaberin der Kristall-Perle

Zutaten für 10 bis 12 Personen:

10-12	*Hähnchenkeulen*
1 EL	*Salz*
1 TL	*Pfeffer*
2-3 EL	*Paprika edelsüß*
3 EL	*Mehl*
9 EL	*Olivenöl*
400 g	*roher Schinken*
2 EL	*gehackter Salbei*
500 ml	*Weißwein*
500 ml	*Brühe (Instant)*

Die Gewürze Salz, Pfeffer und Paprika mit dem Mehl vermischen. Die Hähnchenkeulen rundum in der Mischung wenden und die Keulen nebeneinander in den Universalbräter legen. Mit Öl beträufeln und offen garen.

Nach 30 Minuten Garzeit den in Streifen geschnittenen Schinken, den gehackten Salbei, den Wein und die Brühe zufügen und weitergaren.

Den Soßenfond eventuell, wenn mehr Soße gewünscht wird, nach dem Entnehmen der fertig gegarten Keulen mit Wein oder Brühe auffüllen und mit Soßenbinder binden.

Dazu serviere ich Nudeln.

Hähnchen-Paella

von Sieglinde und Josef Berger,
Inhaber der Kurpension Berger

Das Fleisch in jeweils drei Stücke teilen, dabei die Haut entfernen. Danach das Fleisch abspülen, trockentupfen.

Die Zwiebel und die Knoblauchzehen abziehen und beides hacken. Die Paprikaschote putzen und kleinschneiden. Die Tomaten überbrühen, die Haut abziehen und grob zerkleinern.

Das Öl in einer großen, weiten Pfanne erhitzen. Inzwischen das Fleisch leicht salzen, pfeffern und mit Mehl bestäuben. Im heißen Öl rundherum langsam braun braten. Dann an den Pfannenrand schieben und die Zwiebeln mit dem Knoblauch in der Pfannenmitte glasig dünsten. Den Reis einstreuen und unter Wenden andünsten. Jetzt die Paprika und die Tomaten zufügen und kurz mitdünsten. Den Safran mit etwas heißer Brühe verrühren und zugießen. Alles gut vermischen und nach und nach mit einem halben Liter Brühe angießen. Während des Schmorens hin und wieder umrühren.

Nach 20 Minuten die Erbsen und die Gambas in die Pfanne geben, unterrühren und die restliche Brühe angießen. Die Paella im vorgeheizten Backofen bei 220 Grad (Gas Stufe 3, Umluft 170 Grad) etwa 15 Minuten backen.

Die Paella noch brutzelnd auf den Tisch stellen.

Dies ist ein Gericht aus Spanien.

4 kl.	*Hähnchenkeulen*
1	*Gemüsezwiebel*
2	*Knoblauchzehen*
1	*grüne Paprikaschote*
1	*Fleischtomate*
5 EL	*Speiseöl*
	etwas Salz
	Cayennepfeffer
	Mehl
250 g	*Risotto-Reis*
1	*Messerspitze Safran*
1 l	*heiße Geflügelbrühe (Instant)*
150 g	*tiefgefrorene Erbsen*
200 g	*tiefgefrorene Gambas (Hummerkrabben)*

Feuriges Hähnchenbrustfilet

von Arthur Strobel,
Inhaber des Restaurants Stephanshof

	Hähnchenbrust (Menge nach Bedarf)
	Wildreis (Menge variabel)
3	*Pfirsiche*
1	*Zwiebel*
1	*Paprikaschote*
1	*Pfefferoni*
5 cl	*Obstessig*
125 g	*Zucker*
	Orangenschale
	Piment
	Koriander
	Obst und Gemüse nach Wahl

Die Hähnchenbrust von Haut und Knochen trennen, waschen, abtupfen, leicht salzen und mehlieren. Anschließend in heißer Butter beidseitig leicht braten.

Den Wildreis gut waschen und mit vier Teilen Wasser, einer Prise Salz und etwas Butter kochen, bis die Reiskörner platzen.

Für das Pfirsich-Chutney die Pfirsiche enthäuten und würfeln. Ebenso die Zwiebel, die Paprikaschote und die Pfefferoni in Würfel schneiden. Alles in einen Topf geben und mit dem Essig, dem Zucker, der Orangenschale und je einer Prise Piment, Koriander und Salz aufkochen, dann abseihen. Nun Obst und Gemüse nach Wahl zugeben und das Ganze eine Stunde kochen lassen.

Die Hähnchenbrust mit dem Chutney und dem Wildreis anrichten.

Die Familie Strobl wünscht guten Appetit und empfiehlt als Wein einen leichten Riesling oder Müller-Thurgau.

Gerne stehe ich Ihnen mit weiteren Tips zur Verfügung. Sie können das Gericht aber vorher schon mal im Stephanshof verkosten.

Maispoulardenbrust mit Kürbis-Apfelgemüse

von Franz-Josef Striedl,
Küchenmeister und Küchenchef
im Hotel Apollo

4 Poulardenbrüstchen
50 g Haselnüsse
50 g Walnüsse
50 g Pistazien
1 Ei
1 TL mittelscharfer Senf
3 EL Olivenöl
Salz
Pfeffer aus der Mühle

Zutaten für die Sauce:
1 EL Butter
1 kl. Zwiebel
2-3 EL mittelscharfer Senf
0,2 l Sahne

Zutaten für die Kartoffelplätzchen:
400 g gekochte Kartoffeln
2 Eigelb
1 EL Butter
Salz
frisch geriebener Muskat

Zutaten für das Gemüse:
200 g Kürbis
150 g Äpfel
1 kl. Zwiebel
1 EL Olivenöl
Salz
Ingwer

In die Poulardenbrüstchen eine Tasche schneiden und innen und außen mit Salz und Pfeffer würzen.

Die Nüsse fein hacken, danach das Ganze mit dem Ei und dem Senf vermischen. Mit dieser Masse die Brüstchen füllen und bei circa 220 Grad etwa zehn bis fünfzehn Minuten im Ofen braten. Nach etwa fünf bis sechs Minuten mit etwas Wasser begießen.

Die Butter in einem Topf erhitzen, die Zwiebelwürfel darin glasig dünsten und mit dem Bratensaft der Brüstchen ablöschen. Den Senf und die Sahne unterrühren und das Ganze etwas einreduzieren, bis eine leichte Bindung entsteht.

Unter die lauwarmen passierten Kartoffeln die übrigen Zutaten mischen. Mit der Hand kleine Plätzchen formen und in der Pfanne mit heißer Butter goldgelb ausbacken.

Den geschnittenen Kürbis, die Äpfel und die Zwiebel in Olivenöl leicht anbraten, dann mit etwas Wasser ablöschen und weichdünsten. Das Kürbis-Apfelgemüse mit Salz und Ingwerpulver abschmecken.

Die Poulardenbrüstchen auf der Senfsauce mit Kürbis-Apfelgemüse und Kartoffelplätzchen anrichten.

Bohnentopf mit Gänsefleisch

von Dr. med. Johannes Zwick,
ärztlicher Direktor der
Johannesbad Reha-Kliniken Bad Füssing

250 g	*weiße Bohnen*
2	*Knoblauchzehen*
50 g	*Räucherspeck*
450 g	*Gänsefleisch*
2	*Zwiebeln*
	etwas Bratfett
1 kl.	*Fleischwurst (Polnische)*
	etwas Mehlschwitze (Einbrenne)
	Salz
	Pfeffer
	Essig

Die Bohnen über Nacht einweichen.

Die Bohnen mit dem Einweichwasser am nächsten Tag aufsetzen. Den Räucherspeck, den Knoblauch, das in Fett etwa zehn Minuten angebräunte Gänsefleisch und die angerösteten Zwiebeln dazugeben. Den Bohnentopf circa zwei Stunden garen.

In den letzten 20 Minuten die Fleischwurst mitgaren. Den Speck und die Wurst aus dem Topf nehmen und in Scheiben schneiden. Die Brühe nach Belieben mit Mehlschwitze binden und das Fleisch wieder hineinlegen.

Guten Appetit!

Gebratene Weihnachtsente

von Karl Krippner,
Direktor des Kurhotels Wittelsbach

1	*Barbarieente (circa 2,4 kg)*
1	*unbehandelte Orange*
1	*Apfel*
1	*Zwiebel*
1	*Stengel Petersilie*
1	*Gelberübe*
¼ l	*Rotwein*
	Beifuß
	Majoran
	Salz
	Pfeffer
1 EL	*Honig*

Die Ente mit kaltem Wasser innen und außen abspülen, dann trockentupfen. Die Flügelknochen abschneiden und klein hacken. Die Ente innen und außen mit Salz, Pfeffer, Beifuß und Majoran würzen.

Die Orange, den Apfel, die geschälte Zwiebel und die Gelberübe in kleine Würfel schneiden und die Petersilie klein hacken. Alles in die Ente füllen, zunähen oder mit einem Spieß verschließen.

Die gehackten Flügelknochen und die Innereien in eine Bratpfanne geben, die Ente draufsetzen und mit circa einem Liter Wasser auffüllen. Im Backrohr bei 170 bis 180 Grad eineinhalb bis zwei Stunden braten. Während des Bratens mehrmals mit dem Bratensaft begießen.

Zehn Minuten vor Ende der Garzeit die Ente aus dem Ofen nehmen, mit Honig bestreichen und nochmals bei 180 Grad glasieren. Dann die Ente aus dem Ofen nehmen, die Füllung entfernen und die Ente auf eine Platte geben und warmstellen.

Für die Sauce die Füllung, die Innereien und die Flügelknochen mit Bratensaft und circa einem Viertelliter kräftigem Rotwein aufkochen. Die Sauce durch ein Sieb passieren, eventuell nochmal abschmecken und separat in einer Sauciere anrichten.

Gefüllte Reibeknödel und Blaukraut sind ideale Beilagen.

Festtags-Entenbraten

von Hans Dorfner,
Landrat des Landkreises Passau

1	*Ente*
	Salz
	Pfeffer
	Thymian
2	*Orangen*
2	*Äpfel*
1 Glas	*trockener Weißwein*
20 g	*Speisestärke*
	Saft und Schale einer Orange

Die vorbereitete Ente mit Salz, Pfeffer und Thymian einreiben und mit den Äpfeln (das Kernhaus ausstechen) und den geschälten Orangen füllen.

Bei 220 Grad circa eineinhalb Stunden braten, dabei mit Weißwein begießen und regelmäßig mit Bratensaft beschöpfen. Nach dem Garen die Ente aus der Soße nehmen und heiß stellen.

Den Bratenansatz mit etwas Weißwein loskochen und mit kalt angerührter Speisestärke binden. Den Orangensaft und die hauchdünn geschnittene Orangenschale hinzufügen.

Die Ente mit Orangenscheiben umlegt servieren, die Soße gesondert reichen.

Dazu serviere ich Reiberknödel (Kartoffelklöße), Blaukraut, Rosenkohl mit Walnüssen und frischen Salat. Einen trockenen, fruchtigen Rotwein gibt es zu trinken.

Guten Appetit!

Entenbrust mit roten Zwiebeln

von Hans Gruber,
Filialleiter der Volksbank Bad Füssing

Zutaten für 2 Portionen:

2 kl.	*Entenbrustfilets*
	Jodsalz
	Pfeffer aus der Mühle
2	*rote Zwiebeln*
1	*Apfel*
1 TL	*Butter*
½ TL	*Zucker*
2 EL	*Weinessig*
4 EL	*Johannisbeersaft*
¼ TL	*Fleischextrakt*
100 ml	*Schlagsahne*

Die Haut der Filets rhombenförmig einschneiden. Mit Jodsalz und Pfeffer einreiben. Die Zwiebeln in Spalten schneiden. Den Apfel schälen, das Kerngehäuse entfernen und den Apfel würfeln.

Die Entenbrüste mit der Hautseite nach unten in eine Pfanne legen und etwa 20 Minuten bei kleiner Hitze das Fett ausbraten. Das Fleisch wenden und acht Minuten weiterbraten. Aus der Pfanne nehmen und im Backofen bei 100 Grad warmhalten.

Das Fett aus der Pfanne entfernen, die Butter hineingeben und aufschäumen lassen. Nun die Zwiebeln unter Wenden andünsten, nicht bräunen. Mit Zucker bestreuen, schmelzen lassen und mit dem Essig ablöschen. Die Apfelwürfel und den Johannisbeersaft zugeben und etwas einkochen lassen. Die Zwiebelspalten und Apfelstücke herausheben. Den Sud mit dem Fleischextrakt und der Sahne aufkochen und mit Jodsalz und Pfeffer abschmecken.

Die Entenbrüste schräg in Scheiben aufschneiden und mit der Apfel-Zwiebel-Mischung und der Sauce auf vorgewärmten Tellern anrichten.

Servieren Sie dazu Knödel, die gibt es fertig vorbereitet aus der Packung oder Sie kochen sie nach Ihrem Lieblingsrezept. Wenn Sie es französisch bevorzugen, reichen Sie einfach frisch aufgebackenes Baguette und dazu einen trockenen Rotwein, zum Beispiel einen Bongeronde.

Gefüllte Putensteaks mit Mandelkruste

von Emil Kerzdörfer,
1. Vorsitzender des
Richard Wagner Verbandes Regensburg

4	*Putensteaks*
1	*Zwiebel*
1	*Apfel*
1 EL	*getrocknete Aprikosen (= 2 - 3 Stück)*
1 EL	*Fett oder Margarine*
¼ TL	*gehackter Salbei (frisch oder getrocknet)*
¼ TL	*Nelkenpulver*
1 TL	*Zucker*
1 TL	*Rosinen*
1 EL	*Apfelsaft oder Wasser*
1	*Banane*
	Pfeffer
	Currypulver
3 EL	*Mehl*
2	*Eier*
150 g	*Mandelblättchen*
	Fett zum Fritieren

Die Putensteaks waschen, trockentupfen und eine Tasche einschneiden. Das kann man auch vom Metzger vorbereiten lassen.

Die Zwiebel schälen. Den Apfel schälen, vierteln, das Kerngehäuse entfernen und mit der Zwiebel und den Aprikosen fein würfeln.

Die Butter oder Margarine erhitzen und die Zwiebelwürfel darin andünsten. Obst, Salbei, Nelkenpulver, Zucker, gewaschene Rosinen und Apfelsaft zugeben und alles circa fünf Minuten köcheln lassen. Die Banane schälen, würfeln und ebenfalls zugeben. Mit Pfeffer und Currypulver abschmecken.

Die abgekühlte Masse in die Putensteaks füllen und die Öffnung mit Zahnstochern verschließen. Danach die Steaks nacheinander in Mehl, verquirlten Eiern und Mandelblättchen wenden.

Das Fett in der Friteuse erhitzen und die panierten Steaks darin drei bis fünf Minuten garen.

Dazu schmeckt Reis oder Baguette und frischer Salat.

Man kann die Steaks auch in reichlich Fett in einer Pfanne braten.

Gefüllte Täubchen mit fränkischen Klößen

von Ernst Langguth,
Inhaber des Restaurants Sonnenhof-Stuben

Die fein gewürfelte Zwiebel wird in einem kleinen Topf mit Butter angeschwitzt, bis sie gelb wird. Dazu gibt man dann zwei eingeweichte und gut ausgedrückte Semmeln und rührt gut durch. Der Topf wird von der Feuerstelle genommen und nach Erkalten der Masse gibt man vier Eigelb, die feingehackte Tauben- und Hühnerleber (im Mixer zerkleinern) darunter. Wir würzen mit Salz, scharfem Pfeffer aus der Mühle, etwas Muskatnuß und gehackter Petersilie. Die gut durchgearbeitete Füllmasse wird vorsichtig unter die Brusthaut des Täubchens geschoben, damit keine Löcher hineingerissen werden.

Die Täubchen werden gesalzen, gepfeffert, mit Speck umwickelt und gebunden. Anschließend werden die Täubchen mit Butter und mit Zwiebel- und Möhrenwürfeln angebraten, mit der Fleischbrühe abgelöscht und circa 20 bis 25 Minuten zugedeckt gebraten.

Für die Klöße die rohen Kartoffeln schälen, reiben und in einem sauberen Tuch gut ausdrücken. Dann in eine Schüssel geben, Salz hinzufügen und mit kochender Milch brühen. Die gekochten Kartoffeln noch heiß durchpressen, zugeben und alles gut vermengen. Die Weißbrotwürfel in Butter anrösten. Den Teig mit nassen Händen in sechs Portionen einteilen, mit den gerösteten Brotwürfeln füllen und zu Klößen formen. In circa zwei Liter kochendes Salzwasser legen und 20 bis 30 Minuten darin ziehen lassen.

Den gewaschenen Feldsalat mit Salz, Pfeffer und Zwiebelwürfeln anmachen. Die Speckwürfel in einer Pfanne gut ausbraten, mit Obstessig ablöschen und über den Feldsalat geben. Warm servieren.

Um ein gutes Essen bekömmlicher abzurunden, schmeckt besonders ein dunkles Urbier oder ein fruchtiger Schillerwein.

2	*Täubchen*
2	*Semmeln*
4	*Eier*
1	*Zwiebel*
100 g	*Speck*
1-2 EL	*Butter*
¼ l	*Fleischbrühe*
100 g	*Hühnerleber*
1	*Möhre*
	Petersilie
	Salz
	Pfeffer
	Muskatnuß

Zutaten für die fränkischen Klöße:

750 g	*rohe Kartoffeln*
250 g	*gekochte Kartoffeln*
$^1/_8$ l	*Milch*
30 g	*Weißbrot*
20 g	*Butter*

Zutaten für den Feldsalat:

200 g	*Feldsalat*
	Salz
	Pfeffer
	Zwiebelwürfel
100 g	*Speckwürfel*
	Obstessig

Gefüllte Wachteln mit Zwiebeljus

von Josefine Kapelar,
Direktorin des Hotels Bayerischer Hof

Zutaten für 2 Personen:

4	*Wachteln*
2	*altbackene Semmeln*
80 g	*Schweineleber*
1 TL	*gehackte Petersilie*
½ TL	*Tomatenmark*
1	*Ei*
1/8 l	*Gemüsebrühe*
	Salz
	Pfeffer
½	*gewürfelte Zwiebel*

Die Semmeln fünf Minuten in Milch einweichen und anschließend gut ausdrücken.

Die Leber in kleine Würfel schneiden, zugeben und mit dem Ei und der Petersilie gut vermengen. Mit Salz und Pfeffer würzen.

Die Wachteln waschen und mit der Semmelmasse locker füllen. Die Wachteln salzen und pfeffern und anschließend in einer Kasserolle in heißem Öl anbraten. Die Zwiebelwürfel zugeben und leicht anbräunen. Das Tomatenmark zugeben, kurz mitrösten und mit der Gemüsebrühe ablöschen.

Nun die Kasserolle mit den Wachteln in den Ofen schieben und bei 170 Grad 12 bis 15 Minuten garen. Dabei die Wachteln ein- bis zweimal wenden.

Dazu empfehle ich Kartoffelpüree und knackige Salate.

Sauerkraut mit Wachtelrouladen

von Dieter Buchholz,
Geschäftsführer des Hotels Undine

Den Wildreis kurz kalt abbrausen und gut abtropfen lassen. Die Butter in einer Kasserolle zum Schmelzen bringen und den Reis darin aufschäumen. Den Cirdre angießen und den Reis 15 Minuten bei geringer Hitze köcheln lassen. Das Sauerkraut dazugeben und in 30 Minuten gar dünsten.
Die Wachteln von den Flügeln und Schenkeln befreien. Vom Rücken her die Brüste in einem Stück ablösen. Die Schenkel von den Häuten befreien und das Fleisch auslösen. Die Schalottenwürfel, die Knoblauchzehen und das Fleisch der Wachtelschenkel in einen Mixer geben und fein pürieren. Das Mus salzen, pfeffern und auf die ausgelösten Brustfleischstücke streichen. Zu Rouladen formen und mit Küchengarn zusammenbinden. Die Flügel zusammen mit den Karkassen (Knochen) in der Hälfte des Butterschmalzes anrösten, mit dem Weißwein ablöschen und zugedeckt etwa 20 Minuten kochen lassen. Den Sud durch ein Sieb gießen und beiseite stellen.

Das Apfelgratin zubereiten. Eine kleine Auflaufform mit der halbierten Knoblauchzehe ausreiben und mit Butter ausstreichen. Die Äpfel mit einem Apfelausstecher vom Kerngehäuse befreien. Das Fruchtfleisch in dicke (etwa ½ cm) Scheiben schneiden, in der Form aufschichten und jede Lage salzen und pfeffern. Die Crème fraîche auf der obersten Schicht verteilen. Das Gratin bei 225 Grad etwa 20 bis 25 Minuten überbacken.
Die Wachtelrouladen in dem Rest des Butterschmalzes rundum bei mäßiger Hitze anbraten. Das Fett abgießen und den Fond angießen. Die Rouladen in zehn Minuten gar schmoren. Das Tomatenmark in den Fond rühren und mit Salz und Pfeffer abschmecken. Zum Schluß die Paprikaschote putzen und in feinste Streifchen schneiden. An das Sauerkraut geben und noch etwa fünf Minuten mitgaren.
Die Wachtelrouladen auf vier Teller verteilen, das Sauerkraut mit dem Reis daneben anrichten und das Apfelgratin dazu reichen. Sofort servieren. Dieses Rezept erfordert etwas Fingerfertigkeit, denn Wachteln sind sehr klein. Dafür passen sie besonders gut zu Sauerkraut. Wilder Reis ist das teuerste Getreide der Welt, stammt aus Kanada und schmeckt angenehm nußartig.

100 g Wildreis
2 EL Butter
0,3 l Cidre brut
300 g rohes Sauerkraut
8 Wachteln
4 Schalotten
2 Knoblauchzehen
Salz
frisch gemahlener weißer Pfeffer
4 EL Butterschmalz
0,3 l trockener Weißwein
2 EL Tomatenmark
1 rote Paprika - schote

Zutaten für das Apfelgratin:

1 Knoblauchzehe
1 EL Butter
2 Äpfel (Granny Smith)
Salz
frisch gemahlener schwarzer Pfeffer
6 EL Crème fraîche

Hase in Senfsoße

von Bernhard Albrecht,
Inhaber des Hotels Vier Jahreszeiten

1	*küchenfertiger Stallhase*
1 gr.	*Zwiebel*
½	*Lauchstange*
1 - 2	*gelbe Rüben*
1	*Selleriestück*
1	*Lorbeerblatt*
5	*Wacholderbeeren*
¼ l	*Weißwein*
ca. ½ l	*Brühe*
	Salz
	Pfeffer
	Räucherspeck
⅛ l	*Sahne*
8 EL	*mittelscharfer Senf*

Den Hasen in Brust, Rücken und Schenkel zerlegen, gut waschen und abtrocknen. Mit Salz und Pfeffer einreiben und zum Schluß in Mehl wenden.
Den Speck kleinwürfelig schneiden, das Wurzelwerk waschen, putzen und ebenso klein schneiden.

Die Hasenteile einzeln im heißen Speckfett von allen Seiten knusprig anbraten, dann herausnehmen. Anschließend das Wurzelwerk und die Gewürze darin unter Rühren einige Minuten andünsten. Inzwischen die Hasenteile üppig mit Senf bestreichen, auf das Wurzelwerk legen und den Wein angießen. Die Kochplatte auf niedrige Stufe zurückschalten und zugedeckt in 45 bis 60 Minuten garen. Die Garzeit hängt von der Zartheit des Fleisches beziehungsweise dem Alter des Hasen ab. Nach der Hälfte der Garzeit die Fleischstücke einmal wenden.

Die fertigen Hasenteile herausnehmen und warmstellen. Den Bratenfond durch ein Haarsieb streichen, mit Brühe bis zur gewünschten Menge aufgießen und den Senf unterrühren. Einmal aufkochen und nach Wunsch nachwürzen und die Sahne unterziehen. Das Fleisch in die Soße legen und noch einige Minuten nachziehen lassen.

Als Beilagen empfehle ich Gnocchi, Nudeln oder Spätzle mit frischen Salaten der Saison.
Dies ist mein Lieblingsgericht. Es wurde oftmals erprobt, verbessert und besonders von meinen Kindern als gut befunden. Hier noch ein paar persönliche Tips!
Ein ganzer Hase ist billiger als nur Hasenkeulen oder Rücken. Dieses Gericht eignet sich sehr gut zum Aufwärmen am nächsten Tag beziehungsweise zum Einfrieren. Wenn Kinder mitessen, können Sie den Wein durch Traubensaft ersetzen, auch lieben sie viel Soße.

Gebratener Wildhase

von Bedrich Fiala,
Kapellmeister
des Kurorchesters Bad Füssing

Die Wildhasenhälfte waschen und säubern. Den geräucherten Speck in Streifen schneiden und das Fleisch damit durchziehen (spicken). Das Fleisch mit etwas Salz einreiben. Die Gewürze miteinander vermischen und das Fleisch rundherum damit bestreuen.

Den Wildhasen in eine Pfanne mit Fett legen und gehackte Zwiebeln und Knoblauchzehen dazugeben. Mit heißem Wasser seitlich angießen und in der Bratröhre bei 200 bis 220 Grad circa 50 Minuten braten. Während des Bratens gießt man den Hasen auf, damit er saftig wird.

Man serviert diesen Brathasen mit Salzkartoffeln oder Reis und mit Sauergurke oder einem anderen Salat.

Der Braten schmeckt auch kalt mit einem guten Bauernbrot dazu sehr gut.

Zutaten für 3 bis 4 Personen:

1	*hintere Hälfte vom Wildhasen*
80 g	*geräucherter Speck*
	Salz
½ EL	*Fett (z. B. Biskin)*
1 gr.	*Zwiebel*
2	*Knoblauchzehen*
	geriebene Muskatnuß
	gemahlener Zimt
	gemahlener weißer Pfeffer

Achentaler Rehragout

von Dieter Manz,
Inhaber des Sanatoriums Andreas

600 g	*Rehschulter*
¼ l	*Rotwein*
1/8 l	*Essig*
1/8 l	*Wasser*
125 g	*frische Himbeeren (oder TK)*
1	*gespickte Zwiebel*
1 EL	*Thymian*
1 EL	*grüne Pfefferkörner*
¼ l	*Bratensauce*
1 kl.	*Dose Mischpilze*
1 Tasse	*Sahne*
	Salz
	Pfeffer aus der Mühle
1 Tasse	*frische Himbeeren (oder TK)*

Das Rehfleisch in Würfel schneiden.

Aus Rotwein, Essig, Wasser, Himbeeren und gespickter Zwiebel eine Beize anrühren. Das Fleisch dazugeben und mindestens 48 Stunden beizen.

Das Fleisch herausnehmen, trockentupfen und in einem heißen Topf mit etwas Öl scharf anbraten. Farbe nehmen lassen und mit der Hälfte der abgeseihten Beize ablöschen. Mit der fertigen Bratensauce auffüllen und eine Stunde köcheln lassen.

Danach die kleingeschnittenen Pilze dazugeben, aufkochen und mit Thymian und grünem Pfeffer würzen.

Die Sahne steifen und mit den Himbeeren zum Ragout geben.

Rehschnitzel mit Heidelbeersauce

von Reinhold Huber,
Inhaber des Schuhhauses Huber

500 g	*Rehschnitzel, frisch oder tiefgekühlt*
2 EL	*Erdnußöl (30 g)*
	Salz
	Pfeffer
1-2 EL	*Cognac*

Die tiefgekühlten Schnitzel im Kühlschrank zwei bis drei Stunden auftauen lassen, trocknen und mit Öl bepinseln. Eine halbe bis eine Stunde in der Küche marinieren lassen und dann würzen.

Anschließend die Schnitzel in einer Bratpfanne bei großer Hitze auf jeder Seite zwei bis drei Minuten braten. Den Cognac dazugießen und flambieren.

Die Schnitzel auf einer vorgewärmten Platte anrichten und warmstellen.

Zutaten für die Sauce:

1 Glas	*Heidelbeer-konfitüre (340 g)*
2 EL	*Dijonsenf*
2 EL	*Rotwein*
1 EL	*Rotweinessig*
1 TL	*Cognac*
	einige Spritzer Tabasco
	Salz
75 g	*saure Sahne (½ Becher)*

Für die Sauce die Konfitüre mit Gewürzen und Wein erhitzen und mit der sauren Sahne verfeinern. Die Sauce lauwarm zum Fleisch servieren.

Dazu reicht man Spätzle und Rosenkohl.

Wildschweinkotelett mit Champignonsauce

von Dr. oec. publ. Alfred Wöhl,
Geschäftsführer der
Johannesbad Reha-Kliniken Bad Füssing

8	*Wildschwein - koteletts (à 120 g)*
	Salz
	frisch gemahlener Pfeffer
	etwas Öl

Zutaten für die Sauce:

400 g	*weiße Champignons*
40 g	*Butter*
2 kl.	*Zwiebeln*
	Salz
	frisch gemahlener Pfeffer
150 ml	*Weißwein*
300 ml	*Sahne*
2	*Eigelb*
	etwas gehackte Petersilie
	etwas gehackter Thymian
60 g	*Gouda mittelalt*
	Paprikapulver (edelsüß)

Für die Sauce die Champignons putzen, waschen und in Scheiben schneiden. Die Butter in einem Topf schmelzen und darin die feingeschnittenen Zwiebeln glasig dünsten. Die Champignons dazugeben, mit Salz und Pfeffer würzen, mit Weißwein ablöschen und den Fond reduzieren. Die Sahne aufgießen und auf etwa die Hälfte einkochen lassen. Die Sauce abschmecken und beiseite stellen.

Die Wildschweinkoteletts salzen, pfeffern und in heißem Öl in einer Pfanne anbraten. Die Hitze reduzieren und circa sechs bis acht Minuten weiterbraten. Die Koteletts aus der Pfanne nehmen und in eine feuerfeste Form legen.

Die zwei Eigelb unter die Champignonsauce rühren. Dann die Kräuter zufügen und über die Koteletts geben. Den kleingeschnittenen Gouda darüber verteilen und mit etwas Paprikapulver bestäuben.

Die Koteletts unter dem Grill langsam gratinieren, bis die Oberfläche der Sauce leicht gebräunt ist. Danach in der Form servieren.

Als Beilage können Spätzle, Bandnudeln oder Kroketten gereicht werden, als Gemüsebeilage Broccoli. Ebenso kann man Salate dazu servieren.

Guten Appetit!

Fisch

Rottwaller in Meerrettichsauce

von Dieter Stopp,
stellvertretender Bürgermeister
von Bad Füssing

4	*Wallerfilets*
	Saft von einer Zitrone
	frisch gemahlener Pfeffer
	Salz
	Fischgewürz
	Mehl

Zutaten für die Sauce:

$^1/_8$ l	*Milch*
$^1/_8$ l	*süße Sahne*
1 Glas	*Meerrettich*
	Salz

Die Wallerfilets waschen, trockentupfen, mit Zitronensaft beträufeln und mit Salz, Pfeffer und Fischgewürz würzen. Anschließend beidseitig in Mehl wenden.

Öl oder Butter in einer Pfanne erhitzen und die Wallerfilets darin von jeder Seite bei mittlerer Temperatur goldbraun braten.

Für die Sauce die Milch und die Sahne in einem Topf erhitzen, das Glas Meerrettich hinzugeben, kurz aufkochen und mit Salz abschmecken.

Die Wallerfilets mit der Meerrettichsauce anrichten und mit Petersilienkartoffeln und einem trockenen Weißwein servieren.

Teamwork ist bei diesem Gericht selbstverständlich. Gefangen wird der größte Süßwasserräuber von meinem Sohn Bernd, einem Wallerspezialisten, in einer lauen Mainacht an der Rott. Zubereitet von meiner Frau und mit großem Appetit von der ganzen Familie gegessen.

Karpfen in Bierteig

von Alois Brundobler,
Kreis- und Gemeinderat,
Vorsitzender des Fischereivereins

Der Karpfen wird filetiert, gehäutet und in Portionsstücke geteilt. Anschließend wird er mit Salz und Pfeffer gewürzt und mit Zitronensaft beträufelt. Einige Tropfen Worcester-Sauce betonen den Fischgeschmack. Den gewürzten Karpfen etwa eine Stunde ruhen lassen.

Aus Mehl, Bier, Eiern und etwas Salz einen Bierteig zubereiten. Das Ausbackfett erhitzen.

Die vorbereiteten Karpfenstücke in den Bierteig tauchen und in heißem Fett schwimmend auf beiden Seiten goldgelb ausbacken.

Dazu reicht man Kartoffelsalat mit Petersilie, Schnittlauch und Lauchzwiebelringen garniert.

1	*Karpfen (1,5 - 2 kg)*
	Salz
	Pfeffer
1	*Zitrone*
	einige Tropfen Worcester-Sauce

Zutaten für den Bierteig:

250 g	*Mehl*
¼ l	*Bier*
2	*Eier*
	Ausbackfett

Anguilla alla piemontese (Aal auf Piemonteser Art)

von Manfred Eichberger junior,
Busunternehmer und Kreisrat

1 kg frische Aale
1 EL Mehl
1 Bund Petersilie
1 Knoblauchzehe
50 g Butter
Zitronensaft
1 Glas trockener Weißwein
Salz
weißer Pfeffer aus der Mühle

Die Aale abziehen, ausnehmen, putzen und die Köpfe wegschneiden. Dann gründlich waschen, trockentupfen und in lange Stücke (5 cm) schneiden. Die Stücke ringsherum in Mehl wenden.

Die Petersilie und den Knoblauch fein hacken.

Die Butter in einem Topf erhitzen, die Aalstücke hineingeben und bei kräftiger Hitze anbraten, dabei mit einem Pfannenmesser vorsichtig wenden. Petersilie, Knoblauch und Zitronensaft dazugeben, den Wein angießen und mit Salz und Pfeffer würzen. Den Fisch bei schwacher Hitze garen.

Im Piemont wird diese Aalzubereitung mit Polenta (auf gebratenem Maisbrei) serviert.

Piemont und Aostatal sind keine typischen Fischregionen - das Meer ist weit und so bleibt nur, was Alpenflüsse und Seen an Süßwasserfischen zu bieten haben: Forellen natürlich, Barsche und Schleien, gelegentlich Karpfen und Aale, wie sie mein Rezept vorschreibt. Dazu kommen Schnecken, die in piemontesischem Rotwein zubereitet werden, Flußkrebse und - als Spezialität der Region - kleine Frösche, die in Teig gewendet und in heißem Öl schwimmend gebacken werden. Auch die Weine aus dem Piemont haben einen guten Ruf.

Bürgermeisters Lieblingsfisch

von Josef Jakob,
Bürgermeister von Pocking

1	*Zander*
1	*Zitrone*
	Pfeffer
	Petersilie
250 g	*Butter*
2	*Knoblauchzehen*
	Salz
1 B.	*Sauerrahm*
1 B.	*Süßrahm*

Aus der Butter, den zerdrückten Knoblauchzehen und dem Salz eine Knoblauchbutter einen Tag vor Gebrauch zubereiten.

Den Zander waschen und mit Zitrone beträufeln. Anschließend gut abtrocknen, pfeffern und in die Bauchhöhle fein gehackte Petersilie füllen. Den Bauch mit Alufolie ausstopfen und den Fisch mit dem Rücken nach oben in die Bratpfanne legen. Den Zander dick mit Knoblauchbutter bestreichen und in Alufolie einwickeln. Die Folie darf am Fisch nicht anliegen.

Nun den Fisch circa 40 Minuten bei 200 Grad im Backofen garen. Danach die Folie öffnen, den Fisch mit Sauerrahm bestreichen und bei offener Folie nochmals zehn Minuten bei Oberhitze überbacken. Zum Schluß den in der Folie gebildeten Sud mit Süßrahm binden.

Den Zander mit der Soße, Salzkartoffeln und Salat servieren.

Zander auf Most-Rahmsauerkraut

von Josef Holzapfel senior,
Inhaber des Sanatoriums Holzapfel

1	*Zander (circa 1,2 kg)*
600 g	*Sauerkraut*
½ l	*Most*
150 g	*Zwiebeln*
2	*Äpfel*
120 g	*Butter*
1/4 l	*trockener Weißwein*
¼ l	*Sahne*
	Öl zum Braten
100 g	*Karotten, Sellerie, Lauch (grob gewürfelt)*
	Salz
	Pfefferkörner
	Lorbeerblätter
	Wacholderbeeren
	Kümmel
	Zucker
	Zitrone

Den Zander schuppen, filetieren, die Gräten entfernen und die Haut rautenförmig einschneiden. Danach in acht Stücke teilen und mit Zitrone, Salz und Pfeffer würzen.

Die Fischgräten waschen und mit Weißwein, Wasser, dem gewürfelten Gemüse, dem Lorbeerblatt und den Pfefferkörnern kalt aufsetzen und zum Kochen bringen. Zehn Minuten köcheln lassen, abpassieren und auf ein Drittel reduzieren. Die Hälfte der Sahne zufügen und mit der Hälfte der Butter aufmixen. Dann mit Salz, Pfeffer und Zitronensaft abschmecken.

Für das Kraut die geschnittenen Zwiebeln glasig anschwitzen, das gewaschen Kraut zufügen und mit Most und Wasser auffüllen. Aus Lorbeerblatt, Wacholderbeeren, Pfefferkörnern und Kümmel einen Gewürzbeutel herstellen, zugeben und mit Salz, Pfeffer und Zucker würzen. Das Kraut etwa 30 Minuten kochen.

Die Äpfel schälen, raspeln, zum Kraut geben und mit Sahne und Butter vollenden.

Den Zander leicht mit Mehl bestäuben und in einer heißen Fettpfanne mit der Hautseite nach unten kross anbraten, wenden und bei geringer Hitze fertig garen.

Das Sauerkraut in die Mitte des Tellers setzen, die Soße angießen, je zwei Stück Zander aufsetzen und mit Schnittlauchkartoffeln und verschiedenen Gemüsen und frischen Kräutern garnieren.

Zu diesem Gericht eignen sich junge spritzige Weißweine aus Deutschland oder Österreich oder Rottaler Most.

Zanderfilet mit Senf-Knoblauchkruste

von Karl-Heinz Kandlbinder,
Küchenchef des Haslinger Hofs

4	*Zanderfilets á 200 g*
80 g	*Senf*
2	*Knoblauchzehen*
30 g	*Semmelbrösel*
2	*Eiweiß*
1 Pr.	*Salz*
1 Pr.	*Pfeffer*
1	*Zitrone*
100 g	*Mehl*
30 g	*gehackte Petersilie*
50 g	*Butterschmalz*
800 g	*Kartoffeln*
50 g	*Butter*

Die Knoblauchzehen schälen, zerdrücken und mit Senf, Semmelbröseln, Eiweiß, Salz, Pfeffer und der Petersilie vermischen. Das Ganze mit einem Kochlöffel zu einer Paste verrühren.

Die Kartoffeln schälen und in Salzwasser circa 20 Minuten kochen.

Während dieser Zeit die Zanderfilets zubereiten. Dazu die Zanderfilets waschen und mit einem Stück Küchenrolle trockentupfen. Danach mit Zitronensaft, Salz und Pfeffer würzen und in Mehl wenden. Die Filets in Butterschmalz auf der Innenseite circa fünf Minuten anbraten, dann wenden. Die angebratene Seite mit der Knoblauchpaste dünn bestreichen, nach circa fünf Minuten wieder wenden und nochmals etwa fünf Minuten fertig braten.

Die gar gekochten, heißen Salzkartoffeln in der Pfanne mit Butter und Petersilie und etwas Salz anschwenken.

Die Zanderfilets mit den Petersilienkartoffeln auf Tellern anrichten und servieren.

Fischkartoffelpuffer

von Franz Schreiner,
Küchenchef des Kurhotels Mürz

Zutaten für 10 Personen:

1 kg	*Fischfilet nach Wahl*
2	*Zwiebeln*
1 kg	*Kartoffeln*
1 EL	*Mehl*
1 Pr.	*Salz*

Für die Fischkartoffelpuffer kann man die billigeren Bauchseiten vom Kabeljau oder sonstigen Fischabschnitten verwenden.

Die Kartoffeln waschen, schälen und reiben. Das rohe Fischfleisch wird mit den Zwiebeln durch einen Fleischwolf gedreht, mit den roh geriebenen Kartoffeln vermischt und mit Salz gewürzt. Damit die Masse besser bindet, gibt man noch einen Eßlöffel Mehl hinzu.

Aus dieser Masse bäckt man nun kleine dünne Puffer, auch Reibekuchen genannt, recht knusprig braun in einer Pfanne aus.

Man reicht dazu warmes Apfelmus oder, nach rheinischer Art, Kaffee und Schwarzbrot.

Dies ist ein Rezept meiner Oma aus dem Jahre 1936.

In den Fischkartoffelpuffern verliert sich der Fischgeschmack vollständig. Sie sind ein gutes Gericht, um solchen Menschen, die den Fischgeschmack nicht lieben, besonders auch Kindern, die so wertvollen Fischbestandteile zuzuführen.

Dorsch mit Senfsauce

von Maria Zinsmeister,
1. Vorsitzende Nadjeschda e.V.

---

4 Dorschkoteletts á 200 g
Salz
1 B. Crème fraîche (150 g)
4 EL mittelscharfer Senf
200 ml Fischfond aus dem Glas
eventuell Zitronensaft
Zucker
1 Bund Dill

Die Dorschkoteletts in kochendes Salzwasser geben und darin bei milder Hitze in sieben bis zehn Minuten gar ziehen lassen. Danach herausnehmen.

Die Crème fraîche, den Senf und den Fond in einem Topf verrühren. Die Sauce anschließend cremig einkochen und mit Salz, eventuell etwas Zitronensaft und Zucker abschmecken.

Den Dill hacken und in die Senfsauce geben.

Den Dorsch auf einer vorgewärmten Platte anrichten, mit der Senfsauce überziehen und mit Salzkartoffeln und Kopfsalat servieren.

Als Getränk empfehle ich einen trockenen Weißwein.

Lachs in der Papierhülle

von Peter Kranzmann,
Kurpension Weidinger, 1. Vorsitzender des
Kur- und Gewerbevereins Bad Füssing e.V.

800 g Lachsfilet (ohne Haut)
250 ml Olivenöl
Salz
weißer Pfeffer aus der Mühle
10 kl. Knoblauchzehen
1 frischer Lorbeerzweig
1 Bund Basilikum
2 Bund glatte Petersilie
1 Bund Thymian
1 TL abgeriebene Zitronenschale (unbehandelt)
3 EL Aceto balsamico
1 Bund Schnittlauch
3 Zweige Minze
Pergamentpapier

Den Lachs entgräten und die dunklen Stellen entfernen, die Kanten gleichmäßig schneiden. Das Filet in acht Streifen schneiden.

24 Stücke Pergamentpapier mit insgesamt acht Eßlöffeln Olivenöl einpinseln und jeweils drei Stücke übereinanderlegen.

Die Lachsstreifen salzen und pfeffern. Jeweils ein Lachsfilet mit zwei halben Knoblauchzehen, einigen Lorbeer-, Basilikum- und Petersilienblättern und Thymian belegen und auf einen Pergamentbogen setzen. Mit jeweils einem Eßlöffel Olivenöl beträufeln und zu Päckchen mit der Nahtstelle nach oben auf ein Backblech legen.

Den restlichen Knoblauch pellen, durchpressen und mit Salz, Pfeffer, Zitronenschale, Balsamico, dem restlichen Olivenöl und vier Eßlöffeln Wasser verrühren. Die restlichen Kräuter hacken und unter die Vinaigrette mischen.

Die Lachspäckchen im vorgeheizten Backofen auf der zweiten Einschubleiste von unten bei 200 Grad circa sieben Minuten (Gas 3, Umluft 10 Minuten bei 180 Grad) garen.

Die Lachsfilets aus den Päckchen nehmen und mit der Kräuter-Vinaigrette beträufelt servieren.

Dazu reicht man geröstetes Weißbrot.

Räucherlachs mit Prinzeßbohnen

von Stephan Beckenbauer,
Fußball-Profi, Jugendausbilder beim
FC Bayern München

Die Bohnen waschen, putzen und in einem Viertelliter Salzwasser 15 Minuten garen.

In der Zwischenzeit die Butter erhitzen und klären (Fett von der Molke trennen).

Nun Eigelb, Zitronensaft und Zitronenschale mit zwei Eßlöffeln Wasser in einen Topf geben und verrühren. Danach mit Salz, Pfeffer und Tabasco würzen. Anschließend die Sauce zu einer schaumigen Masse aufschlagen, die noch flüssige Butter unterrühren und über die abgetropften Bohnen geben.

Die Kartoffeln mit der Schale in Salzwasser mit wenig Kümmel garen, dann abgießen und gut abdämpfen, schälen.

Die Prinzeßbohnen mit der Zitronensauce und den Kartoffeln zum Räucherlachs servieren.

Zutaten für 2 - 3 Portionen:

750 g	*Prinzeßbohnen*
	Salz
	Pfeffer
70 g	*Butter*
5	*Eigelb*
1	*Zitrone (Saft und Schale)*
4	*Tropfen Tabasco*
500 g	*neue Kartoffeln*
4 Sch.	*Räucherlachs (à 100 g)*

Kurze Makkaroni mit Krevetten

von Josef Eichinger,
Geschäftsführer des Hotels Schweizer Hof

300 g	*Krevetten*
2 EL	*Öl*
3 - 4	*Lorbeerblätter*
5	*Tomaten*
1 Pr.	*Salz*
1 Pr.	*Pfeffer*
1 Pr.	*Thymian*
300 g	*kurze glatte Makkaroni*

Reichlich Salzwasser in einem Topf zum Kochen bringen und die Krevetten (Garnelen oder auch Gambarettis genannt, je nach Größe) hineinschütten und im zugedeckten Topf kochen lassen.

Inzwischen in einer Kasserolle ein bis zwei Eßlöffel Öl mit den Lorbeerblättern nicht zu stark erhitzen und die frischen, geschälten und von den Samen befreiten Tomaten (oder geschälte Tomaten aus der Dose) dazugeben. Solange rühren, bis die Tomaten zerkocht sind.

Den Topf beiseite stellen und nun die Krevetten vorsichtig aus der Schale lösen und das Fleisch in die Tomatensauce geben. Mit Salz und Thymian würzen. Sehr vorsichtig umrühren, damit die Meeresfrüchte nicht zerfallen.

Inzwischen die Makkaroni in reichlich Salzwasser „al dente", das heißt nicht zu weich kochen, abgießen und behutsam unter die Sauce mischen.

Zum Schluß frischen schwarzen Pfeffer darübergeben und mit gehackter Petersilie bestreut servieren.

Dazu empfehle ich einen Pinot Bianco (Friaul), Pitigliano Bianco (Toskana) oder Lacrima Christi (Kampanien).

Spargel mit Scampi in Cognac-Cayennesoße

von Karl Baumgartner,
Küchenmeister und Küchenchef des
Holzapfel-Restaurants

1 kg Spargel
8 Stück Scampi
4 cl Cognac
1/8 l Geflügelbrühe oder Kalbsbrühe
1/8 l Sahne
120 g Asmonte-Käse (ersatzweise Peccorino oder junger Parmesan)
Knoblauch
Cayennepfeffer
Salz
Zucker
Zitronensaft
Petersilie
Schnittlauch
Kerbel

Den Spargel schälen und in Salzwasser mit etwas Butter, Zitrone und Zucker kochen.

Die Scampi schälen, vierteln und mit Zitrone, Salz, Cayennepfeffer und Knoblauch würzen. Anschließend in heißem Öl anbraten und mit Cognac ablöschen. Die Scampi herausnehmen, den Bratensatz mit Geflügelbrühe und Sahne auffüllen und um ein Drittel reduzieren. Bei Bedarf leicht binden. Die Sauce mit Salz und Cayennepfeffer pikant abschmecken und abpassieren, dann die frischen Kräuter und die Scampi zugeben.

Den Spargel in lange Stücke (circa 3 - 4 cm) schneiden und in tiefe Teller verteilen. Die Scampi daraufsetzen, mit der restlichen Soße nappieren und mit geriebenem Asmonte-Käse bestreuen. Dann im Ofen bei starker Oberhitze überbacken.

Als Beilage eignen sich wahlweise neue Kartoffeln, Reis oder hausgemachte Nudeln.

Zu diesem feinen Gericht passen trockene Riesling-Weißweine aus dem Rheingau oder große Chardonnay-Weine aus Burgund.

Garnelen vom Rost

von Albert Boschenriedter,
Moden für Damen und Herren

110 g	*Butter*
1 EL	*gehackte Petersilie*
1 TL	*Zitronensaft*
1 Pr.	*Salz*
1 Pr.	*weißer Pfeffer*
500 g	*küchenfertige Garnelen*

Für die Sauce:

150 g	*Frischkäse*
2	*Knoblauchzehen*
2 EL	*Tomatenpüree*
20 g	*gehackte Kräuter*
10	*Oliven entkernt*
2	*gekochte Eier*
100 g	*Sahne*

Unter die schaumig gerührte Butter den Zitronensaft, die Petersilie, das Salz und den Pfeffer mischen.

Die Garnelen mit dieser Mischung bestreichen, auf die Spieße stecken und auf dem Rost auf beiden Seiten braten.

Aus dem Frischkäse, den gepreßten Knoblauchzehen, den gehackten Kräutern, dem Tomatenpüree, den gehackten Eiern und den in dünne Ringe geschnittenen Oliven eine dicke Sauce rühren. Die steifgeschlagene Sahne unterziehen und zu den frisch gegrillten Garnelen servieren.

Dazu trinke ich gerne einen trockenen Riesling.

Nudeln

Schinkennudeln

von Karl Lorenzer,
Inhaber "Süße Insel"

Zutaten für den Nudelteig (Grundrezept):

300 g Mehl
2 große Eier
2-3 EL Wasser
Salz

oder
300 g fertige Bandnudeln

Salzwasser zum Kochen

Zutaten zum Schwenken:

20-40 g Butter
200 g gekochter Schinken
1-2 Eier
Petersilie

Das Mehl mit den Eiern, dem Wasser und dem Salz auf dem Brett zu einem mittelfesten Nudelteig verarbeiten.

Von dem Teig dünne Flecken auswallen, etwas abtrocknen lassen, die Flecken halbieren, aufrollen und in breite (1 cm) Nudeln schneiden. Die Nudeln gut abtrocknen lassen und danach in kochendem Salzwasser weich kochen. Das Wasser abgießen und die Nudeln kalt abschrecken.

Den kleinblättrig geschnittenen Schinken kurz in Butter anschwitzen und die Bandnudeln zugeben. Die verquirlten Eier mit der Petersilie vermischen und über die heißen Nudeln geben. Gut durchmischen, bis das Ei gestockt ist.

Zucchini-Ragout „Mailänder Art“

von Horst Bogner,
Inhaber des Tanzcafés Apollo

Die grob geschnittene Zwiebel und die Knoblauchzehen in Öl anschwitzen. Die Zucchini in Würfel schneiden (2 cm x 2 cm), dazugeben und circa eine Viertelstunde dünsten. Dann salzen, pfeffern und kräftig Tomatenmark dazugeben und zehn Minuten mitrösten. Danach mit Paprikapulver und einem halben Kaffeelöffel Mehl bestäuben und mit klarer Brühe aufgießen.

Das Ragout circa 20 Minuten leicht kochen, dann mit gehackter Petersilie und einem Hauch Cayennepfeffer und etwas Zucker abrunden.

In der Zwischenzeit die Nudeln kochen.

Das köstliche Ragout auf die Nudeln geben und nach Belieben Parmesan darüber reiben.

Zutaten für 4 bis 5 Personen:

1 kg	*Nudeln nach Wahl*
6 EL	*Öl*
450 g	*Zucchini*
1	*Zwiebel*
250 g	*Tomatenmark*
3	*Knoblauchzehen*
	etwas klare Brühe
	frisch gemahlener Pfeffer
	gehackte Petersilie
	Paprika
	Mehl
	Salz
	Cayennepfeffer

Spaghetti all Amatricana

von Traudl Riermeier,
Hausfrau, Pocking

300 g	*durchwachsener italienischer Speck*
3 gr.	*Zwiebeln*
1 gr.	*Knoblauchzehe*
1-2 EL	*Olivenöl*
2	*Chilischoten (Peperoncini)*
3-4	*geschälte frische Tomaten (je nach Geschmack und Größe) oder*
500 g	*geschälte Tomaten aus der Dose*
½ Bund	*Basilikum*
1 Pr.	*Oregano*
1 Pr.	*Zucker*
	Salz
	Pfeffer aus der Mühle
	gehobelter Parmesan (italienischer Käse)
500 g	*Spaghetti*

Den Speck und die Zwiebeln in dünne Scheiben schneiden und in Olivenöl glasig dünsten. Den durchgepreßten Knoblauch und die Chilischoten zugeben, etwas andünsten und dann die geschälten Tomaten dazugeben. Die Sauce leicht einkochen lassen.

Zum Schluß die Sauce mit Salz, Pfeffer, Zucker und Oregano abschmecken.

Die Spaghetti in reichlich Salzwasser al dente kochen.

Die Spaghetti mit der Sauce und frisch gehobeltem Parmesan anrichten.

Käseauflauf

von Hans Öttl,
Diplom-Ingenieur (FH) und
Leiter der Kurgärtnerei

130 g geriebener Käse
3-4 Eier
2-3 EL Sonnenblumenöl (kaltgepreßt)
3-4 EL Milch
2 EL Vollkornmehl
etwas Meersalz

Das Eigelb mit dem geriebenen Käse vermischen, danach das Öl dazugeben. Die Milch und das Mehl unterziehen. Das Eiweiß zu steifem Eischnee schlagen und unter die Masse heben.

Diese Masse in eine gefettete Form füllen und im vorgeheizten Backofen bei 200 bis 220 Grad etwa 30 Minuten goldgelb backen.

Der Auflauf kann noch mit gehackten Kräutern oder geschnittenen Pilzen vermischt werden.

Dazu passen Sahnekartoffeln und Zwiebelgemüse ausgezeichnet.

Zwei wichtige Merkmale bestimmen die Küche im Hause Öttl:

Erstens wird vegetarisch gelebt und zum zweiten muß es beim Kochen meistens schnell gehen. Beides läßt sich aber gut miteinander kombinieren.

Vollwertige Ernährung muß nicht langweilig und zeitraubend in der Vorbereitung sein. Das wird bei den Öttl's immer wieder bestätigt. Zur fünfköpfigen Familie gesellen sich nämlich oft und gerne die Freunde der Kinder oder Bekannte und Verwandte. Deshalb ist es auch gut, daß der Tisch groß ist und acht Personen daran Platz haben.

Griechischer Kartoffelauflauf

von Fritz Herndl,
Inhaber des Kurhotels Quellenhof

400 g Schweinenacken (ausgelöst)
3 TL fertige Gewürzmischung für Gyros
2 EL Öl
1 kg mehlige Kartoffeln
1 gr. rote Paprikaschote
1 Zwiebel
1 Aubergine
Salz
2 Knoblauchzehen
150 g Crème fraîche
150 g weicher Schafskäse
250 ml Milch
1-2 EL Butter

Das Fleisch kalt abbrausen, trockentupfen und in breite, kurze Streifen (1 - 2 cm) schneiden. Mit zwei Teelöffeln der Gewürzmischung und dem Öl vermengen und 30 Minuten im Kühlschrank marinieren.

Die Kartoffeln waschen und in wenig Wasser zugedeckt weich garen. Die Paprikaschote putzen, waschen und groß (1 - 2 cm) würfeln. Die Zwiebel schälen und in halbe Ringe schneiden. Die Aubergine putzen, waschen, in Scheiben teilen, salzen, aufeinanderlegen und 15 Minuten ziehen lassen.

Den Knoblauch abziehen, durchpressen und mit Crème fraîche und Salz verrühren, dann kalt stellen. Den Schafskäse (125 g) klein würfeln und mit der Gabel zerdrücken.
Das Fleisch in einer heißen Pfanne rundherum anbraten, herausnehmen. Vorbereitete Paprika und Zwiebel darin anschwitzen, salzen und pfeffern, dann herausnehmen. Die Auberginenscheiben trockentupfen, kurz im übrigen Pfannenfett beidseitig anbraten, mit Gyrosgewürz abschmecken und herausnehmen.

Die Kartoffeln schälen und durch die Kartoffelpresse drücken. Den Schafskäse (125 g) in der heißen Milch verrühren, dann mit einem Eßlöffel weicher Butter unter den Kartoffelschnee rühren.

Eine gefettete Auflaufform mit Auberginenscheiben auslegen. Etwas Knoblauchcreme aufstreichen, dann Paprika, Zwiebeln, Fleisch und die restliche Knoblauchcreme einschichten. Zuletzt das Püree einfüllen. Mit Butterflöckchen und dem übrigen, zerkrümelten Schafskäse belegen. Den Auflauf im vorgeheizten Backofen bei 175 Grad etwa 40 Minuten backen.

Ich empfehle dazu einen griechischen Rotwein, zum Beispiel Demestica.

Spinat-Quiche

von Josef Günter Köck,
Diplom-Kulturwirt (Univ.) und Gemeinderat

300 g	*Mehl*
150 g	*kalte Butter*
1	*Ei*
1	*Eigelb*
500 g	*Blattspinat*
1	*Zitrone*
2 EL	*Butter*
	Pfeffer
	geriebene Muskatnuß
2	*Fleischtomaten*
1	*Knoblauchzehe*
500 g	*Ricotta (ersatzweise Schichtkäse)*
2	*Eier*
½	*unbehandelte Zitrone*
50 g	*geriebener Parmesan*

Das Mehl, die Butter, eine Prise Salz, das Ei und Eigelb rasch zu einem glatten Teig verkneten. Den Teig 50 Minuten kalt stellen.

Den Spinat verlesen, putzen, waschen und in kochendem Wasser blanchieren. Danach abschrecken, abtropfen lassen und hacken.

Die Zwiebel fein würfeln und in einem Eßlöffel Butter anschwitzen. Den Spinat zugeben und andünsten. Mit Salz, Pfeffer und Muskat würzen.

Die Fleischtomaten überbrühen, häuten und in kleine Würfel schneiden. Den Knoblauch durchpressen. Den Ricotta mit den Eiern verquirlen, dann mit Salz, Pfeffer, Knoblauch und Zitronensaft würzen.

Den Mürbeteig ausrollen und eine Form damit auskleiden. Den Boden mit einer Gabel einstechen und fünf Minuten bei 200 Grad vorbacken.

Den Spinat mit der Ricottamasse vermischen, auf den Teig geben, leicht salzen und mit Parmesan und Butterflöckchen bestreuen. Dann im Backofen weitere 45 Minuten bei 200 Grad backen.

Günter Köck und Köchin Cordula Weber, Apothekerin aus Fürstenzell, empfehlen Ihnen, dieses leichte Mahl an einem schönen Sommerabend auf der Terrasse oder dem Balkon bei einem Glas trockenem Weißburgunder aus Sachsen zu genießen.

Grenadiermarsch

von Rudolf Oppowa,
Getränkegroßhändler,
Gemeinderat von Kirchham

Butter
Pellkartoffeln
Nudeln
Wurstreste
Fleisch
hartgekochte Eier
Salz
Pfeffer
Paprika
Sahne
gehackte Petersilie

Eine Bratreine mit Butter oder Margarine ausstreichen.

Die Pellkartoffeln in Scheiben schneiden und Nudeln, Wurstreste, Fleisch, was eben so übrig bleibt, hineinfüllen.

Die hartgekochten Eier in Scheiben schneiden und darauflegen. Mit Salz, Pfeffer und Paprika würzen und im Rohr backen.

Kurz vor Ende der Garzeit mit Sahne begießen und mit fein gehackter Petersilie bestreuen.

Den Auflauf eventuell abdecken, damit er nicht zu braun wird.

Neben diesem Gericht habe ich noch weitere Leibspeisen. Dazu gehören Böhmische Knödel zu Gulasch oder Sauerbraten, Suppenhuhn und Gwichste, saures Kartoffelgemüse und eine bayerische Brotsuppe zum Abendessen.

Pikantes

Allgäuer Käsespätzle

von Evi Droste,
Schriftführerin von Nadjeschda e.V.

350 g	*Mehl*
4	*Eier*
	Salz
1 Pr.	*geriebene Muskatnuß*
gut 1/8 l	*lauwarmes Wasser*
250 g	*Allgäuer Emmentaler*
4 gr.	*Zwiebeln*
50 g	*Butter*
2 EL	*Semmelbrösel*

Das Mehl in eine Schüssel geben und die Eier, das Salz, Muskat und lauwarmes Wasser zufügen. Alles zu einem glatten Teig zusammenrühren, dann kneten (am besten mit der Küchenmaschine). Den Spätzleteig mit einem feuchten Tuch zudecken und etwa 15 Minuten ruhen lassen.

In der Zwischenzeit den Käse nicht zu fein reiben, besser mittelgrob raffeln. Die Zwiebeln schälen und in dünne Ringe schneiden. In einem großen Topf reichlich Wasser mit Salz zum Kochen bringen.

Den Spätzleteig portionsweise auf ein gut angefeuchtetes Holzbrett streichen und mit einer Palette oder einem Teigschaber in dünnen Streifen in das sprudelnd kochende Wasser schaben. Die Hitze sofort reduzieren. Sobald die Spätzle an der Wasseroberfläche schwimmen, sofort mit einem Schaumlöffel herausnehmen und in eine Schüssel mit lauwarmem Wasser geben, damit sie nicht zusammenkleben. Diesen Vorgang so lange wiederholen, bis der Teig aufgebraucht ist.

Zwischendurch die Zwiebelringe in der Butter goldgelb andünsten, zuletzt die Brösel untermischen.

Die abgetropften Spätzle lagenweise in eine feuerfeste Form füllen und jede Schicht gut mit Käse bestreuen. In dem auf 225 Grad (Gas Stufe 4) vorgeheizten Backofen etwa fünf Minuten überbacken. Zum Schluß mit den gebräunten Zwiebeln bestreuen und dann sofort servieren.

Dazu passen ein knackiger grüner Salat und als Getränk ein herbwürziges Bier.

Krautkrapfen

von Gertrud Vollmer,
Inhaberin des Floristikstudios Vollmer

500 g	*Weizenmehl (½ grob, 1/1 fein)*
2	*Eier*
1/8 l	*Wasser*
	Salz
1 kg	*Sauerkraut*
150 g	*rohes Wammerl*
60-80 g	*Schweineschmalz*
	Salz
	Kümmel

Aus Mehl, Eiern, Wasser und einer Prise Salz einen Teig zubereiten, den man auf einem bemehlten Nudelbrett knetet. Den Teig ruhen lassen.

Inzwischen das Sauerkraut zubereiten. Das Sauerkraut, wenn es zu naß ist, gut ausdrücken. Das Wammerl in feine Würfel schneiden und im Schweineschmalz anrösten. Nun das Sauerkraut zugeben und gut untermischen, damit das Wammerl gleichmäßig verteilt ist. Mit Kümmel und Salz würzen und gut anrösten.

Den Nudelteig halbieren und jede Hälfte sehr dünn zu Fladen ausrollen. Das kalte, geröstete Sauerkraut gleichmäßig auf die Fladen verteilen und zu einer Nudel zusammenrollen. Von der Rolle Stücke (von 5 - 6 cm) abschneiden. Aus den beiden Fladen ergeben sich circa 20 bis 24 Krapfen.

Die Krapfen stehend ins heiße Schweineschmalz in eine Pfanne setzen und bei mittlerer Hitze beidseitig braten.

Werden die Krautkrapfen nicht gebraten, sondern in der Brühe gegart, so nimmt man die rohen Krapfen und stellt sie hochkant in einen flachen Topf, der mit Fleischbrühe (circa 3 cm hoch) gefüllt ist. Den Topf abdecken und die Krapfen ziehen lassen, aber nicht umdrehen! Inzwischen eine Zwiebel in Ringe schneiden und in Butterschmalz bräunen. Diese dann über die Krapfen verteilen, abdecken und nochmals ziehen lassen, bis sie gar sind.

Zucchini-Auberginenroulade

von Iris Kirchmayr,
Ehefrau des Direktors des Hotels Apollo

Zutaten für 5 bis 6 Personen:

250 g	*grüne Zucchini*
250 g	*gelbe Zucchini*
1 gr.	*Aubergine (400 - 500 g)*
2 EL	*Olivenöl*
180 g	*abgezogene Tomaten mit der Flüssigkeit*
2 TL	*Zucker*
2 TL	*Zitronensaft*
5 cl	*Sahne*
10 g	*Butter*
50 g	*Zwiebelwürfel*
40 g	*Mehl*
15 cl	*Milch*
4	*Eigelb*
5	*Eiweiß*
60 g	*Parmesan*
40 g	*Sonnenblumenkerne*
	Salz
	Pfeffer

Die Zucchini raspeln, mit Salz vermischen und 20 Minuten in einem Sieb abtropfen lassen.

Die Auberginen schälen, raspeln und drei bis vier Minuten im Olivenöl anbraten. Die Tomaten, den Zucker und den Zitronensaft zufügen und alles solange auf mittlerer Flamme rühren, bis eine dickliche Sauce entstanden ist. Die Gewürze und die Sahne zugeben und weiterkochen, bis die Masse dicksämig ist.

Die Butter zerlassen und die Zwiebelwürfel darin glasig dünsten. Das Mehl darüberstäuben und zwei bis drei Minuten unter Rühren goldgelb rösten. Mit der Milch ablöschen und glattrühren. Die Masse fünf Minuten abkühlen, dann Eigelb, Zucchini, Käse und die Sonnenblumenkerne unterziehen. Das Eiweiß sehr steif schlagen und unter die Zucchinimasse heben

Die Zucchinimasse auf einem Backblech verteilen (circa 1 cm dick) und im vorgeheizten Ofen bei 180 bis 190 Grad etwa 15 Minuten backen. Danach den Rouladenteig auf ein Tuch legen und mit der Auberginenfüllung bestreichen. Aufrollen und für fünf Minuten zurück in den Backofen stellen, danach sofort servieren.

Ich bin schon seit zehn Jahren Vegetarierin und dies ist eines meiner Lieblingsgerichte.

Rottaler Streichkäs

von Fritz Mayer, Vorsitzender des Bayerischen Hotel- und Gaststättenverbandes, Kreisstelle Passau und des Berufsbildungsausschusses Bayern

1 kg trockener Quark
½ l Wasser
1 EL Butter
1 TL Kümmel

Den trockenen Quark mit der Hand durchbröseln, in eine Tonschüssel geben und mit einem Leinentuch bedecken. Zwei Tage an einen etwa 30 Grad warmen Ort stellen.

Nach der Reifezeit wird der Quark mit dem Wasser, der Butter und dem Kümmel in einem Topf unter Rühren auf etwa 80 Grad erhitzt. Danach wird er vom Ofen genommen und ständig weitergerührt, bis die Masse abgekühlt ist.

Der gut gekühlte Käse wird mit viel Butter, frisch gemahlenem Pfeffer und mit Radi zu Schwarz- oder Weißbrot gereicht, und wer's Bier dazu vergißt, ist selber schuld!

Dort, wo es der Überlieferung nach „die schönsten Rösser, die besten Kühe und die Bauern mit den dicksten Schädeln" gibt, liegt Rottal. Das wiederum liegt an der Rott, einem linken Nebenfluß des Inn. Welchem „dicken Schädel" im Ort freilich das Rezept zum „Rottaler Streichkäs" einfiel, ist bis dato unbekannt. Wichtig ist bei diesem Rezept, daß der Quark, zu dem man in Bayern Topfen sagt, einige Tage lang einer gleichbleibenden Wärme von circa 30 Grad ausgesetzt wird. Deshalb haben ihn früher die Bäuerinnen einfach mit ins Bett genommen!

Tomaten mit Quarkfülle

von Alfred Stöckl,
Inhaber des Appartementhauses Stöckl

12 mittelgroße Tomaten
Salz
Zitronensaft

Zutaten für die Quarkfülle:

250 g frischer Quark
3-4 EL süßer Rahm (Joghurt oder Dosenmilch)
eventuell auch
1-2 EL Mayonnaise)
150 g magerer, roher oder gekochter Schinken
100 g frischer Rettich
½ Paprikaschote
Salz

Die Tomaten waschen, einen Deckel abschneiden, aushöhlen und das Mark und die Kerne entfernen. Danach leicht salzen und mit etwas Zitronensaft beträufeln.

Den Quark mit Rahm oder Joghurt glatt und schaumig schlagen. Den Schinken fein würfeln oder wiegen. Die Paprikaschote waschen, von Stielansatz, Zwischenrippen und Samenkernen sorgfältig befreien und feinwürfelig schneiden. Den jungen Rettich schälen und reiben.

Den schaumig geschlagenen Quark mit allen Zutaten vermischen, gut abschmecken und in die vorbereiteten Tomaten füllen. Die Deckel auflegen, anrichten und mit grünen Salatblättern verzieren.

Die gefüllten Tomaten mit frisch gekochten Kartoffeln als Abendessen servieren.

Arancine di Riso

von Markus Münch,
Fußball-Profi beim FC Bayern München

Den Reis in Salzwasser etwa zehn Minuten kochen, dann abgießen und auskühlen lassen. Anschließend den Reis mit Butter, Safran, Parmesan und dem Ei vermengen. Die Masse abkühlen lassen und bis zur Weiterverwendung kühl stellen.

Die Hühnerleber putzen und in feine Stücke schneiden. Die Zwiebel und den Knoblauch schälen und fein würfeln. Das Öl und die Butter in einem Topf erhitzen und die Zwiebel sowie den Knoblauch darin andünsten. Nun die Hühnerleber, das Kalbshackfleisch und die Erbsen dazugeben und kurz mitdünsten. Anschließend das Tomatenmark und die Kräuter dazugeben und die Brühe angießen. Das Ganze zehn bis fünfzehn Minuten bei schwacher Hitze kochen und zum Schluß mit Salz und Pfeffer abschmecken.

Aus der Reismasse Kugeln in einer Größe von Mandarinen formen. In die Mitte jeder Kugel mit dem Finger eine Vertiefung drücken und etwas Fleischfüllung hineingeben. Die Öffnung wieder verschließen.

In einem hohen Topf oder in der Friteuse das Fett erhitzen. Die Eier verquirlen. Die Kugeln nacheinander im Mehl und in den Eiern wenden und dann mit dem Paniermehl panieren. Die panierten Reiskugeln im heißen Fritierfett schwimmend ausbacken, bis sie goldgelb und knusprig sind.

Dazu trinke ich sehr gerne einen trockenen Roséwein (zum Beispiel Regaleali Rosato, 1 - 2jährig).
Sizilien und Sardinien sind unsere liebsten Urlaubsländer, da in den vielen kleinen Ortschaften beziehungsweise Städten der Tourismus noch kein Thema ist! Das oben genannte Gericht stammt aus Sizilien und heißt zu deutsch „Sizilianische Reiskugeln“.

Zutaten für die Reiskugeln:

300 g	*Rundkornreis (z. B. Vialone)*
50 g	*Butter*
1 Pr.	*Safran*
3 EL	*geriebener Parmesan*
1	*frisches Ei*
	Salz

Zutaten für die Füllung:

100 g	*Hühnerleber*
½ kl.	*Zwiebel*
1	*Knoblauchzehe*
2 EL	*Olivenöl*
2 EL	*Butter*
75 g	*Kalbshackfleisch*
120 g	*frische grüne Erbsen (enthülst)*
1 EL	*Tomatenmark*
je ½ TL	*gehackte Petersilie und Basilikum*
½ TL	*gehackter Stangensellerie*
150 ml	*Hühnerbrühe, ca.*
	Salz, Pfeffer aus der Mühle

Außerdem:

	Öl oder Fritierfett zum Ausbacken
2	*frische Eier*
2-3 EL	*Mehl*
50 g	*Paniermehl*

Mehlspeisen

Quarknockerl

von Maria Richstein-Mürz,
Hotelkauffrau im Kurhotel Zur Post

250 g	*Quark*
1 Pr.	*Salz*
2 EL	*Zucker*
1	*Ei*
6 EL	*Kartoffel-knödelpulver oder*
6 EL	*Gries*
	Butter
	Semmelbrösel
	Zucker

Den Quark mit dem Salz, Zucker, Ei und dem Gries oder Kartoffelknödelpulver in eine Schüssel geben und mit dem Schneebesen gut verrühren. Den Teig etwa zehn Minuten stehen lassen.

Mit einem kleinen Löffel aus der Quarkmasse Nockerl abstechen und in einen Topf mit kochendem Wasser geben. Zehn Minuten ziehen lassen, dann sind die Nockerl fertig.

Die Butter in einer Pfanne zerlassen, Semmelbrösel und Zucker zugeben und goldgelb anrösten.

Die Nockerl in den Bröseln wenden und sofort servieren.

Gutes Gelingen!

Quarkfladen

von Hans Natterer,
Seniorenweltmeister im Tischtennis,
Donauwörth

500 g	*Quark (Magerstufe)*
4 - 6	*Eier*
250 g	*Mehl*
1 EL	*Butterfett*
½ TL	*Salz*

Den Quark mit den Eiern, dem Mehl und dem Salz vermischen.

Das Butterfett in einer großen Bratpfanne erhitzen und mit einem großen Eßlöffel die Quarkmasse als faustgroße Fladen in die Pfanne setzen. Die Quarkfladen nach dem Wenden auf kleiner Flamme bei geschlossenem Deckel fertig garen.

Die Quarkfladen sofort servieren und Apfelmus oder selbstgemachte Marmelade, oder auch beides, dazu reichen.

Meine Familie stammt aus dem Allgäu, von hier auch das Rezept.

Stritzeln

von Monika Stöckl,
Inhaberin des Kaufhauses Geml

500 g	Mehl
1 Pr.	Salz
20 g	Hefe
1/8-¼ l	Milch
1 - 2	Eier
50 g	Zucker
50 g	Butter
250 g	Quark (nach Belieben)
	Ausbackfett
	Puderzucker zum Bestreuen

Aus den Zutaten einen weichen Hefeteig (eventuell unter Zugabe von frischem Quark) herstellen. Die Zutaten nur leicht vermengen und den Teig nicht lange kneten oder abschlagen, gut gehen lassen. Während des Gehens den Teig einmal durchschlagen, damit er feinporig wird.

Den gegangenen Teig zu einer dicken Rolle formen, davon breite (circa 3 cm) Stücke abschneiden und auf einem bemehltem Brett mit der Schnittfläche nach oben kurz gehen lassen. Dann zu länglichen Stritzeln nachformen und in mäßig heißes Backfett geben. Sollten die Stritzeln aufreißen, sofort vorsichtig zwei bis drei Eßlöffel kaltes Wasser auf die Stritzeln tropfen. Zudecken und langsam backen. Wenn sie auf einer Seite schön braun sind, wenden und fertig backen (etwa 10 bis 12 Minuten). Die Stritzeln abtropfen und nach dem Abkühlen mit Puderzucker bestäuben.

Der Teig für die Stritzeln kann mit oder ohne Quark zubereitet werden.

Dukatenbuchteln

von Rolf Boschenriedter,
Konditorei Café Wien, 1. Vorsitzender des
Köchevereins Bad Füssing

500 g	*Mehl*
25 g	*Hefe*
20 cl	*Milch*
70 g	*Butter*
70 g	*Zucker*
½ TL	*Salz*
½	*Zitrone (abgeriebene Schale)*
2	*Eier*
120 g	*Butter*
1	*Pfanne etwa 25 mal 35 cm groß*

Das Mehl in eine Schüssel sieben, in der Mitte eine Vertiefung anbringen und die Hefe hineinbröckeln. Mit der lauwarmen Milch auflösen und mit einer Mehlschicht zudecken. An einem warmen Ort eine Viertelstunde gehen lassen, bis die Oberfläche "Dampfl" so nennen die Österreicher den Vorteig, Risse zeigt. Ein Zeichen dafür, daß er genügend gegangen ist.

Die Butter zerlassen und darin den Zucker, das Salz und die abgeriebene Zitronenschale mit den Eiern cremig verrühren. Zu dem Vorteig geben und einen glatten, trockenen Hefeteig schlagen, der sich vom Schüsselrand lösen sollte. Wenn nötig, etwas Milch zugeben, je nachdem, ob er zu weich oder zu fest ist. Zugedeckt nochmals eine Viertelstunde gehen lassen.

Die Buchteln ausstechen, das ist die einfachere Methode, um zu gleichgroßen Teigstücken zu kommen. Voraussetzung ist, daß der Teig auch gleichmäßig stark (etwa 1,5 cm) ausgerollt wird. Mit einem runden Ausstecher (von 2,5 cm Durchmesser) ausstechen.

Die Pfanne ausbuttern und die Buchteln einsetzen. Man läßt sie mit einem Tuch zugedeckt nochmals gehen, bis sie ihr Volumen fast verdoppelt haben. Die Oberfläche mit Butter bestreichen und bei 200 Grad backen. Nach etwa 15 Minuten die Buchteln nochmals mit Butter überpinseln und bei etwas angehobener Temperatur (etwa 220 Grad) fertigbacken.

Die Dukatenbuchteln mit einer Vanillesauce servieren.

Blinde Tauben

von Herbert Mayerhofer,
Küchenchef des Kur- und Badehotels
Ludwig Thoma

8	*Semmeln*
½-¾ l	*Milch*
1 TL	*Zucker*
100 g	*Marmelade*
70 g	*Butter oder sonstiges Fett*
3	*Eier*
1 Pr.	*Salz*

Von den frischen Semmeln oben mit einem scharfen Messer einen kleinen Deckel abschneiden (in der Größe eines Fünfmarkstückes). Die Semmeln etwas aushöhlen, damit die Marmelade später eingefüllt werden kann.

Die Semmeln nun in lauwarmer, gezuckerter Milch von allen Seiten kurz einweichen lassen. Das Fett in einer Auflaufform oder Bratreine zerlaufen lassen, die eingeweichten Semmeln nebeneinandner hineinstellen und mit der Marmelade füllen. Je nach Geschmack kann Erdbeer-, Johannisbeer- oder Preiselbeermarmelade verwendet werden. Dann werden die Deckel noch kurz eingeweicht und auf die gefüllten Semmeln gesetzt.

Bei Mittelhitze (170 - 200 Grad) circa 30 Minuten lichtgelb backen.

Zum Schluß die Eier verquirlen, etwas Salz und die restliche kalte Milch hinzugeben, über die angebackenen Semmeln gießen und nochmals etwa 15 Minuten backen.

Die blinden Tauben auf einer Platte oder in einer Auflaufform anrichten.

Zu diesem Gericht passen sehr gut Kompottfrüchte wie Sauerkirschen, Aprikosen oder Pfirsiche.

Auszogne Küachl

von Maria Schwarz,
Vorsitzende des Frauenbundes Würding

Aus den Zutaten einen gut abgeschlagenen, zarten Hefeteig zubereiten und gehen lassen.

Mit einem bemehlten Eßlöffel Nudeln abstechen, rund formen und auf einem bemehlten Brett gehen lassen. Dabei mit einem Küchentuch abdecken.

Inzwischen das Fett erhitzen, dann die Nudeln mit bemehlten Händen in der Mitte dünn ausziehen und in das heiße Fett geben. Schwimmend ausbacken, dann abtropfen lassen.

Erkaltet eventuell mit Puderzucker bestreuen.

Die Küachl sind auch immer wieder auf dem Kaffeetisch eine willkommene Abwechslung.

500 g	*Mehl*
20 g	*Hefe*
ca. ¼ l	*Milch*
30-50 g	*Fett (Rama)*
	Salz
2	*Eier*
1	*EL Zucker*
1	*EL Rum*
	Ausbackfett
	Puderzucker

Kartoffelstrudel

von Werner Uttenthaler,
1. Vorsitzender des Sportvereins Bad Füssing

500 g	*Kartoffeln (mehlig kochend)*
150 g	*Mehl*
1 Pr.	*Salz*
1,5 kg	*säuerliche Äpfel (Boskop, Cox Orange)*
50 g	*Butterschmalz*
30 g	*Butter*

Die Kartoffeln am Tag zuvor kochen.

Die Kartoffeln schälen und locker reiben. Aus geriebenen Kartoffeln, Mehl und Salz einen Teig kneten. Der Teig muß sich ausrollen lassen. Die Mehlmenge hängt von der Feuchtigkeit der Kartoffeln und von der Bindefähigkeit des Mehles ab. Anschließend den Teig dick (3 - 4 mm) auf Tellergröße ausrollen.

Die Äpfel waschen, vierteln und schälen. Das Kerngehäuse entfernen und in dünne Spalten schneiden.

Die Apfelspalten auf den Teigplatten verteilen, locker aufrollen und in die mit Butterschmalz ausgefettete Bratraine legen und backen. Die Strudel nach dem Backen mit Butter bestreichen und warm servieren.

Ein einfaches, heimisches und uraltes Rezept, wie früher die Scholle die Familie ernährte.

Nachspeisen

Früchte-Nachspeise

von Franz Gnan,
1. Bürgermeister von Bad Füssing

2 Grapefruits oder auch Orangen (am besten Blutorangen)
2 Eiweiß
1 Pr. Salz
80 g Zucker
2-3 EL geschälte, gemahlene Mandeln
1 EL Zitronensaft

Die Früchte (Grapefruits oder Orangen) waagrecht halbieren. Danach mit einem Grapefruit-Messer das Fruchtfleisch in der Schale in mundgerechte Stücke teilen.

Das Eiweiß mit einer Prise Salz steif schlagen, die Hälfte des Zuckers nach und nach einrieseln lassen und solange schlagen, bis die Masse glänzt. Nun den restlichen Zucker, die Mandeln und den Zitronensaft sorgfältig unterheben.

Diese Masse in einen Spritzbeutel füllen und auf die vorbereiteten Fruchthälften spritzen. Die Früchte im auf 250 Grad vorgeheizten Backofen auf der oberen Schiene circa fünf Minuten überbacken. Wenn möglich, dann nur Oberhitze einschalten.

Die Früchte leicht abkühlen lassen und dann mit einem kühlen Dessertwein (zum Beispiel Portwein, Malaga oder Sherry) und Feingebäck servieren.

Wer will, kann auf die Fruchthälften jeweils eine Kugel Vanilleeis geben und erst dann den Ei-Mandel-Schnee daraufspritzen. Kurz unter dem vorgeheizten Grill leicht bräunen und dann sofort servieren.

Buttermilchparfait

von Christl Mürz,
Inhaberin des Kurhotels Mürz, Spa + Wellness

350 g	*Buttermilch*
50 ml	*flüssige Sahne*
100 ml	*steif geschlagene Sahne*
	Saft von einer Zitrone
	flüssiger Süßstoff oder Zucker
5 Bl.	*Gelatine*
1	*Päckchen Vanille*

Die Gelatine in viel kaltem Wasser mindestens zehn Minuten einweichen. Anschließend gut ausdrücken und leicht erwärmen, damit sie flüssig wird.

Die Buttermilch mit dem Zitronensaft und der flüssigen Sahne glattrühren und nach Geschmack zuckern. Die aufgelöste Gelatine in die Buttermilchmasse einrühren und die steifgeschlagene Sahne unterheben.

Diese Masse in kleine Förmchen füllen und zwei Stunden kaltstellen. Danach auf einen großen Teller stürzen und mit Beeren der Saison (zum Beispiel Erdbeeren) und Pistazienkernen verzieren.

Als junges Mädchen war ich sehr pummelig und liebte Süßigkeiten über alles. Die Finger waren oft von Schokolade beklebt. Meine Mutter gab mir deshalb vor dem Essen immer Buttermilch zu trinken mit dem Hinweis: „Buttermilch macht schlank - und keine Schokolade mehr!“

Es war furchtbar: Da es keine Süßigkeiten mehr im Hause gab, kam ich auf eine herrliche Idee, mit Erlaubnis meiner Mutter zauberte ich ein Buttermilchparfait. Die kleinen Finger tauchten oft in die steif geschlagene Sahne, um mein Verlangen nach Süßem zu stillen. Die ganze Familie war begeistert von meinem Rezept, besonders meine Mutter, denn sie glaubte, es war Buttermilch!

Mit diesem Geheimnis habe ich freiwillig jeden Sonntag mein Schleckermäulchen verwöhnt.

Götterspeise

von Adolf Sauer,
1. Träger der Bad Füssinger Bürgermedaille

***18-20** Löffelbisquits*
¼ l trockener Weißwein
2 frische Eier
2 P. Vanillinzucker
2 EL Zucker
1 P. Vanillesoßenpulver
½ l Milch

Die Löffelbisquits in ein oder zwei Glasschüsseln einschichten und mit dem Wein begießen.

Die Eier trennen. Das Eigelb mit dem Vanillinzucker, dem Zucker und dem Vanillesoßenpulver vermischen. Sechs bis sieben Eßlöffel von der Milch abnehmen und unter das Gemisch rühren. Die übrige Milch zum Kochen bringen, von der Kochstelle nehmen und das angerührte Soßenpulver unter ständigem Rühren untermischen und nochmals kurz aufkochen lassen.

Inzwischen das Eiweiß zu steifem Schnee schlagen.

Den Eischnee unter die Creme heben und das Ganze über die Löffelbisquits verteilen. Die Nachspeise einige Stunden kalt stellen.

Für Kinder nehme ich statt Wein einen guten Saft, zum Beispiel Himbeer-, Erdbeer- oder Apfelsaft.

Ich wünsche ein gutes Gelingen.

Fränkische Weincreme

von Dr. med. habil. W. F. Beyer,
Chefarzt der Rheumaklinik in Bad Füssing

Alle Zutaten, außer der Gelatine und der Sahne, werden bis zur Rose (leichte Bindung) auf einem Wasserbad abgezogen. Danach die eingeweichte Gelatine dazugeben und die Masse erkalten lassen. Kurz vor dem Stocken gibt man die geschlagene Sahne hinzu.

Jetzt kann man die Creme in die Förmchen füllen und kühlstellen.

½ l trockener Frankenwein
4 Eigelb
2 Zitronen
300 g Zucker
16 Bl. Gelatine
½ l geschlagene Sahne

Bad Füssinger Nockerl

von Wilhelm Fromberger,
Kurhauswirt und Küchenchef des
Kurhaus-Restaurants Zum Rosengarten

***250 g** Zucker*
***125 g** Butter*
¼ l Wasser
7 Eiweiß
120 g Zucker
25 g Vanillinzucker
4 EL gehobelte Mandeln
¼ l Sahne
Marillenkompott

Den Zucker mit der Butter und dem Wasser in einer Pfanne sämig einkochen.

In der Zwischenzeit das Eiweiß mit dem Zucker und Vanillinzucker aufschlagen. Danach mit einer Teigkarte vier schöne Nockerl abrollen und in der Pfanne mit der Zuckerlösung auf zwei Seiten schön braun karamelisieren. Die Nockerl auf einer Platte anrichten und warmstellen.

Im verbliebenen Karamel die gehobelten Mandeln anrösten, mit der Sahne ablöschen und sämig einkochen lassen.

Diese Sauce über die Nockerl gießen und mit Marillenkompott servieren.

Die Bad Füssinger Nockerl wurden von mir anläßlich des 45-jährigen Bühnenjubiläums der „3 lustigen Moosacher" kreiert. Das Rezept wird hiermit erstmalig veröffentlicht.

Salzburger Nockerl

von Dr. med. Claudia Merk,
Geschäftsführerin des
Sanatoriums Der Tannenhof

4	*Eiweiß*
30 g	*Zucker*
1 P.	*Vanillezucker*
1 Pr.	*Salz*
4	*Eigelb*
1 TL	*abgeriebene Zitronenschale*
20 g	*Mehl*
20 g	*Butter*
1 EL	*Puderzucker*

Den Backofen vorheizen.
Das Eiweiß in einer Schüssel zu steifem Schnee schlagen. Den Zucker, den Vanillezucker und das Salz langsam einrieseln lassen und weiterschlagen. Etwas Eischnee in eine zweite Schüssel geben und mit der Zitronenschale und dem Eigelb verrühren. Dann auf den übrigen Eischnee geben, das Mehl darübersieben und vorsichtig unterziehen.

Eine ovale, feuerfeste Form mit der Butter einfetten. Die Masse so einfüllen, daß drei Hügel (Nocken) entstehen. Im vorgeheizten Ofen auf der mittleren Schiene zehn Minuten bei 180 bis 200 Grad backen. Die Zeit einhalten, sonst werden die Nockerl innen zu fest!

Aus dem Backrohr nehmen, mit Puderzucker besieben, sofort servieren und mit Genuß verspeisen.

Bei großem Appetit auf diese süße Köstlichkeit reicht die angegebene Menge für zwei bis drei Personen.

Kaiserschmarren mit Hollerko

von Rudolf Schönberger,
Inhaber des Hotels Bad Füssinger Hof

Zutaten für den Kaiserschmarren:

250 g	*Mehl*
½ l	*Milch*
4	*Eigelb*
60 g	*Zucker*
1 TL	*Salz*
80 g	*Butter*
60 g	*Sultaninen*
2 EL	*Rum*
4	*Eischnee*
100 g	*Butter oder Butterschmalz zum Backen*

Zutaten für das Hollerko:

½ l	*Holunderbeeren*
1	*Apfel oder*
1	*Birne*
10	*Zwetschgen*
1 EL	*Zucker*
½ l	*Wasser, ca.*
1 P.	*Vanillesoße*

Das Mehl mit der Milch glattrühren, dann Eigelb, Salz, zerlassene Butter und die in Rum aufgequollenen Sultaninen unterrühren. Zum Schluß den Eischnee auf den Teig geben und unterheben.

In einer weiten Stielpfanne die Butter warm werden lassen, dann den Teig einen halben Zentimeter hoch hineingießen. Auf der unteren Seite backen lassen, bis sich eine leichte Kruste gebildet hat. Dann umdrehen und auf der anderen Seite backen. Das Gebäck mit zwei Gabeln in kleine Stücke reißen und noch etwas ausdünsten lassen. Den fertigen Schmarren zugedeckt an den Herdrand stellen, bis die ganze Masse gebacken ist.

Für das Hollerko die Holunderbeeren entstielen und verlesen. Den Apfel oder die Birne in kleine Stücke schneiden und die Zwetschgen entkernen und vierteln.

Das Wasser mit dem Zucker und dem Obst aufkochen und ziehen lassen, bis das Obst weich ist.

Die Vanillesoße mit etwas Wasser anrühren und in das Hollerko einrühren und nochmals aufkochen lassen.

Der Kaiserschmarren wird mit Puderzucker bestreut angerichtet. Dazu reicht man Kompott oder Himbeersaft. Ich esse am liebsten Hollerko dazu.

Will man den Schmarren noch lockerer, nimmt man statt vier Eiern acht.

Zabaione

von Nicole Riermeier,
Studentin, Pocking

Das Eigelb mit dem Puderzucker und dem Wein in einer Rührschüssel vermischen. Die Schüssel ins heiße Wasserbad stellen und die Eiermasse mit den Quirlen des Handrührers oder mit dem Schneebesen aufschlagen, bis eine dickflüssige Creme entstanden ist. Danach im kalten Wasserbad weiterschlagen, bis die Creme abgekühlt ist.

Mit frischen Früchten anrichten und sofort servieren.

4 Eigelb
50 g Puderzucker
100 ml Marsalawein (italienischer Dessertwein)
frische Früchte der Saison

Tiramisu

von Rosa und Elke Köck,
Inhaber des Appartementhauses Holmernhof

500 g	*Mascarpone (von Galbani)*
1/8 l	*Espresso oder starker Kaffee*
4	*Eigelb*
2	*Eiweiß*
100 g	*Puderzucker*
2 cl	*Amaretto*
200 g	*Löffelbisquits*
3 EL	*Kakao*

Die Löffelbisquits ausbreiten und mit Espresso bestreichen, bis sie vollgesogen, aber nicht schwammig sind.

Das Eigelb mit dem Puderzucker und dem Amaretto zu einer dicklichen Creme schlagen.

Den Mascarpone unter die Eicreme rühren und zum Schluß das steifgeschlagene Eiweiß unterheben.

Die Creme und die Bisquits in je drei Lagen in eine Form schichten. Dabei sollte die erste Schicht aus Creme und die letzte Schicht aus Bisquits bestehen.

Das Tiramisu zwei bis vier Stunden im Kühlschrank ziehen lassen.

Vor dem Servieren dick mit Kakao bestäuben.

Kuchen und Gebäck

Napoleonschnitten

vom Augustiner Chorherrenstift,
Reichersberg, Oberösterreich

250 g Rama
240 g Staubzucker
360 g Haselnüsse
100 g griffiges Mehl
8 Eigelb
8 Eiklar
3 Rippen Schokolade

Zutaten für die Glasur:

250 g Staubzucker
Rum
1 Zitrone (Saft)

Die Butter mit dem Zucker schaumig rühren, dann das Eigelb gut unterrühren.

Das Eiklar zu steifem Schnee schlagen. Die Haselnüsse und die Schokolade reiben.

Das Mehl, die geriebenen Haselnüsse und die Schokolade in die Schaummasse einrühren und den Eischnee unterziehen.

Den Teig auf ein vorbereitetes Backblech streichen und bei 175 Grad etwa 45 Minuten hell backen. Danach mit der Glasur bestreichen, in Stücke teilen und ausgekühlt vom Blech nehmen.

Sandkuchen

von Johann Moosbauer,
Konditormeister und Backstubenleiter
im Café Wien

250 g Zucker
250 g Margarine
4 Eier
Zitronen- und Vanillearoma
125 g Mehl
125 g Weizenpuder
½ P. Backpulver

Die Margarine mit dem Zucker und einem Ei schaumig rühren. Anschließend die restlichen Eier nach und nach darunterrühren. Die Schaummasse mit den Aromen abschmecken.

Das Mehl mit dem Weizenpuder und Backpulver vermischen, auf die Eimasse sieben und unterheben.

Den Teig in eine gefettete und gemehlte Backform geben und bei 200 Grad anbacken und anschneiden. Danach bei 170 Grad in etwa 45 Minuten ausbacken.

Kartoffel-Schokoladenkuchen

von Eva Sklorz,
selbständige Krankengymnastin an der
Rückenschule für Kurgäste

200 g	*Kartoffeln*
50 g	*bittere Schokolade*
125 g	*Butter oder Margarine*
100 g	*Zucker*
1 P.	*Vanillinzucker*
1 Pr.	*Salz*
1	*Messerspitze Ingwerpulver*
½ TL	*Zimt*
2	*Eier*
75 g	*gemahlene Haselnüsse*
150 g	*Mehl*
1 TL	*Backpulver*
4 EL	*Milch*

Die Kartoffeln schälen, waschen und reiben. Soviel Wasser wie möglich aus den Kartoffeln drücken. Die Schokolade reiben.

Die Butter mit dem Zucker, Vanillinzucker und dem Salz schaumig rühren. Das Ingwerpulver, den Zimt und die Eier unter die Schaummasse rühren. Nun die Haselnüsse, das Mehl und Backpulver mischen und mit der Milch unterrühren. Zum Schluß die Kartoffeln und die Schokolade untermischen.

Den Teig in eine gefettete Kastenform füllen und auf der mittleren Schiene 55 Minuten backen.

Zwetschgendatschi

von Tobias Barnerssoi,
Mitglied der Deutschen
Ski-National-Mannschaft

Den Magerquark mit dem Ei und dem Olivenöl glattrühren. Circa 250 Gramm Vollkornmehl mit dem Backpulver vermischen und zum Quark geben. Wenn nötig, etwas Milch eßlöffelweise dazugeben, bis der Teig schön glatt ist. Den Teig gut durchkneten und ganz dünn auswellen.

Die Zwetschgen entsteinen und zuschneiden, so daß vier Spitzen entstehen. Den Teig auf ein Backblech legen und dicht mit den Zwetschgen belegen. Bei circa 160 Grad etwa 15 Minuten backen, bis der Teig knusprig ist und die Zwetschgen beginnen, Saft zu ziehen. Bei Bedarf noch etwas Zucker darüberstreuen.

200 g	*Magerquark*
1	*Ei*
5 EL	*Olivenöl*
250 g	*Vollkornmehl (am besten frisch gemahlener Weizen)*
2 TL	*Backpulver*
	eventuell etwas Milch
	Zwetschgen

Zwetschgen-Mohn-Kuchen

von Eva Baier,
Inhaberin der Drogerie Baier

Zutaten für 12 Stücke:

250 g Weizenvollkornmehl
½ P. Trockenhefe
125 ml Milch
1 EL Honig
1 Pr. Meersalz
25 g weiche Reformhausmargarine
Fett für die Form

Zutaten für den Belag:

100 g Marzipanrohmasse
50 g Vollzucker
200 ml Milch
1 Pr. Meersalz
150 g frisch gemahlener Mohn
1 Ei
Zimt
Nelken
750 g Zwetschgen
100 g Aprikosenkonfitüre

Die Zutaten für den Teig vermischen und gut kneten. Etwa eine Stunde gehen lassen.

Die Marzipanrohmasse mit Vollzucker verkneten. Die Milch erhitzen und das Salz mit dem Mohn einstreuen und kurz aufkochen. Die Marzipanrohmasse in Flöckchen zugeben und glattrühren. Die Mohnmasse erkalten lassen. Zum Schluß Ei, Zimt und Nelken unterrühren.

Den Hefeteig nochmals durchkneten, auswellen und eine große gefettete Springform (28 - 30 cm) damit auslegen.

Die Zwetschgen waschen, kreuzförmig einschneiden und die Kerne entfernen.

Die Mohnmasse auf dem Hefeteig verteilen, dann die Zwetschgen sehr dicht hineinsetzen. Den Kuchen im vorgeheizten Backofen bei 200 Grad circa 35 Minuten backen.

Die Aprikosenkonfitüre mit dem Pürierstab pürieren und mit drei Eßlöffeln Wasser kurz aufkochen. Die Pflaumen mit der heißen Konfitüre bestreichen.

Russischer Zupfkuchen

von Hilda Neubeck,
Hausfrau, Dorfprozelten

Die Zutaten für den Teig in eine Schüssel geben, abbröseln und zu Streuseln verarbeiten. Die Hälfte der Streusel in eine vorbereitete Springform geben und auf dem Boden verteilen.

Für die Füllung die weiche Butter mit Zucker, Vanillezucker und den Eiern schaumig rühren. Den Quark und das Vanillepuddingpulver zugeben und gut unterrühren.

Die Quarkmasse auf dem Teigboden verteilen und die restlichen Streusel darübergeben. Zuerst bei 200 Grad 60 Minuten backen, dann die Hitze reduzieren und fertigbacken.

Zutaten für den Teig:

200 g Margarine
200 g Zucker
1 Ei
400 g Mehl
1 P. Backpulver
40 g Kakao

Zutaten für die Füllung:

500 g Quark
200 g Butter
3 Eier
200 g Zucker
1 P. Vanillepuddingpulver
1 P. Vanillezucker

Schneewittchenkuchen

von Christa Lustinger-Hecka,
Inhaberin der Kurpension Diana

Zutaten für den Teig:

100 g Butter
150 g Zucker
1 P. Vanillezucker
3 Eier
200 g Mehl
½ P. Backpulver
60 ml Milch

Außerdem:
2 EL Nougatcreme
1 Fläschchen Rum-Aroma
1 Glas Sauerkirschen

Zutaten für den Belag:

250 g Magerquark
2 Becher Sahne
1 P. Sahnesteif
5 EL Zucker
1 P. Vanillezucker
1 P. roter Tortenguß

Aus allen Teigzutaten einen Rührteig herstellen. Die Hälfte des Rührteiges in die gefettete Springform geben. Den Rest des Teiges mit Nougatcreme und Rum-Aroma verrühren und auf den hellen Teig streichen. Zum Schluß die abgetropften Sauerkirschen auf dem Teig verteilen. Den Kuchen bei 180 Grad 50 bis 60 Minuten backen.

In der Zwischenzeit die Füllung zubereiten. Den Quark mit dem Zucker und Vanillezucker cremig rühren. Die Sahne mit Sahnesteif steif schlagen und unter die Quarkmasse heben.

Um den ausgekühlten Kuchen nochmals den Ring der Springform legen. Die Quarkmasse aufstreichen, so daß sie in der Mitte angehäuft ist.

Den Tortenguß nach Vorschrift zubereiten und etwas abkühlen lassen. Von der Mitte aus löffelweise auf dem Quark verteilen.

Den Kuchen ein bis zwei Tage durchziehen lassen.

Kalte Käsetorte

von Anneliese Brundobler,
Hausfrau, Würding

Aus Mehl, Speisestärke, Butter, Eigelb, zwei Eßlöffeln Zucker und Rum einen Mürbteig zubereiten. Den Teig 30 Minuten kalt stellen. Den Backofen auf 180 Grad vorheizen.

Den Teig ausrollen, in eine gefettete Springform legen und mit einer Gabel mehrmals einstechen. Den Boden bei 180 Grad goldgelb backen. In der Form abkühlen lassen.

Den Quark mit Milch, Sahne, Vanillinzucker, Zitronenschale, Zitronensaft, Orangensaft und dem restlichen Zucker aufschlagen. Die Rosinen heiß waschen, abtropfen und zugeben. Die Gelatine nach Vorschrift auflösen und unter die Quarkmasse ziehen.

Diese Masse in die Kuchenform füllen, fest eindrücken, glätten und fest werden lassen. Nach Belieben Marmelade erhitzen und flüssig auf den Quark streichen.

Die Torte etwa drei Stunden im Kühlschrank stehen lassen. Danach den Formrand abnehmen und den Tortenrand mit gerösteten Mandelblättchen verzieren.

180 g	*Mehl*
50 g	*Speisestärke (Gustin)*
125 g	*Butter*
2	*Eigelb*
280 g	*Zucker*
1 EL	*Rum*
750 g	*Sahnequark*
¼ l	*Milch*
⅛ l	*Sahne*
2 P.	*Vanillinzucker*
	abgeriebene Schale von 1 Zitrone
2 TL	*Zitronensaft*
	Saft von 1 Orange
100 g	*Rosinen*
10-12	*Blatt Gelatine*
2 EL	*Aprikosenmarmelade*
	geröstete Mandelblättchen

Malakofftorte

von Christine Eckert,
Inhaberin der Kurpension Mayerhof

	Hälfte einer Bisquittorte
2 P.	*Löffelbisquits*
3	*Becher Sahne*
3 P.	*Sahnesteif*
70 g	*Rama*
2 EL	*Zucker*
1 P.	*Vanillezucker*
	gemahlene Mandeln
1	*Eigelb*
¼ l	*Weißwein*
3 TL	*Zucker*

Die Rama weich werden lassen, dann zwei Eßlöffel Zucker, Vanillezucker und zwei Eßlöffel gemahlene Mandeln darunterrühren. Soviel lauwarme Milch dazugeben, daß eine cremeartige Masse entsteht. Sie sollte nicht zu dick sein.

Die Creme mit etwas Rum oder Cognac je nach Geschmack abschmecken und zum Schluß das Eigelb unterziehen.

Die Sahne mit dem Sahnesteif steif schlagen.

Die Creme auf den Tortenboden streichen. Anschließend eine dünne Schicht Sahne daraufstreichen und mit einer Lage Löffelbisquits, die kurz in lauwarmen Wein getaucht wurden, bedecken. Nun wieder eine dünne Schicht der Creme aufstreichen, dann die Sahne und die Löffelbisquits (insgesamt zwei Reihen Stäbchen).
Die letzte Schicht wird mit Sahne bestrichen.

Die Verzierung kann nach eigenen Ideen, eventuell mit gebräunten Mandelblättchen, erfolgen.

Apfeltorte „Fenzl“

von Max Lustinger,
Inhaber des Hotels Astoria

Die Äpfel waschen, schälen und klein schneiden. Aus den restlichen Zutaten wie gewohnt einen Pudding herstellen. Nach dem Aufkochen gibt man die geschnittenen Äpfel dazu, umrühren und ein wenig abkühlen lassen.

In der Zwischenzeit stellt man aus den übrigen Zutaten einen Mürbteig her, gibt ihn in eine Springform und zieht einen Rand (1 cm) hoch. Die Apfelmasse darauf verteilen und bei 170 Grad 45 Minuten backen. Den Apfelkuchen in der Form kalt werden lassen.

Die Sahne steif schlagen und auf den kalten Kuchen streichen. Zum Schluß mit Eierlikör beträufeln oder mit Schokostreuseln bestreuen.

Zutaten für die Füllung:

8 Äpfel
½ - ¾ l Apfelsaft
2 P. Vanillepuddingpulver
125 g Zucker

Zutaten für den Teig:

200 g Mehl
100 g Zucker
100 g Butter
1 Ei
1 TL Backpulver

Zutaten zum Verzieren:

2 Becher Sahne
2 P. Sahnesteif
Eierlikör oder Schokostreusel

Vanille-Apfeltorte

von Anna Frankenberger,
Inhaberin der Kurpension Mayerhof

Zutaten für den Teig:

200 g Mehl
125 g Butter
65 g Zucker
2 Eigelb
1 TL Backpulver
2 EL Rum

Zutaten für die Füllung:

700 g Äpfel
¾ l Apfelsaft
1-2 EL Zitronensaft
150 g Zucker
2 P. Vanillepuddingpulver
2 Becher Sahne
3 EL Eierlikör

Das Mehl mit Backpulver mischen und mit der Butter, dem Zucker, den Eigelb und dem Rum zu einem Mürbteig verkneten. Den Teig 30 Minuten im Kühlschrank ruhen lassen.

Die Äpfel schälen, achteln und hobeln. Den Apfelsaft mit dem Zitronensaft erhitzen und das mit Zucker vermischte Vanillepuddingpulver in den kochenden Apfelsaft einrühren. Die Äpfel untermengen.

Zwei Drittel des Teiges in eine Springform legen, das restliche Drittel als Rand in die Tortenform drücken. Die heiße Apfelmasse auf den Teigboden füllen und bei 175 Grad 30 - 40 Minuten backen.

Die Torte einige Stunden, am besten über Nacht, kalt stellen.

Die Sahne steif schlagen und auf der Torte verteilen. Mit einem Löffel Vertiefungen in die Sahne eindrücken, dann mit Eierlikör beträufeln.

Man kann diese Torte statt mit Äpfeln auch mit Rhabarberwürfeln zubereiten.

Dazu werden die Rhabarberwürfel am Vortag gezuckert und über Nacht stehen gelassen, damit sie Saft ziehen. Diesen Saft mit Apfelsaft ergänzen und weiter verfahren wie im Rezept beschrieben.

Torte „Siziliano“

von Diplom-Kaufmann Ernst A. Stapfer,
Referent für Presse- und Öffentlichkeitsarbeit,
Geschäftsführer des Bayer. Heilbäder-Verbandes

4	*Eiweiß*
60 g	*Zucker*
4	*Eigelb*
190 g	*Mehl*
4 EL	*Milch*
125 ml	*starker Kaffee*
2	*Gläschen Cognac*
300 g	*Frischkäse*
300 g	*Crème fraîche*
4 EL	*Zucker*
5	*Gläschen Amaretto*
300 g	*einfachen Joghurt*
2	*Bananen*
	Schokopulver zum Bestreuen

Aus den steif geschlagenen Eiweiß, dem Zucker, dem Eigelb und dem mit dem Schneebesen untergehobenen Mehl vorsichtig eine homogene Masse anrühren. Den Teig in eine gefettete Springform füllen und bei 200 Grad circa 25 Minuten backen.

Den abgekühlten Biskuitboden gut mit Kaffee und Cognac tränken. Aus dem Frischkäse, der Crème fraîche, dem Zucker, Amaretto und Joghurt eine gleichmäßige Creme rühren.

Vor dem Bestreichen des Biskuitbodens die Bananen in Stücke (circa 2 - 3 cm) schneiden und auf den Boden setzen, um einen besseren Halt für die Creme zu gewährleisten. Nach dem Bestreichen des Bodens mit der Creme den Kuchen eine Stunde kalt stellen. Zum Schluß mit dem Schokopulver bestreuen.

Dieser Kuchen ist nicht für Kinder geeignet!
Die Zutaten sind nicht gerade billig, der Belag ist nicht unbedingt kalorienarm oder alkoholfrei, aber der Genuß ist geradezu phantastisch.

Selbstgebackenes Brot

von Stefan Speiser,
1. Vorsitzender der Vereinigung selbständiger Physiotherapeuten

Zutaten für 2 große Kastenformen:

600 g	*Roggenmehl*
¾ l	*lauwarmes Wasser*
2 EL	*Sauerteig (vom Bäcker)*

1500 g	*Mehl (Roggenmehl, Weizenmehl, Dinkel oder Vollkornmehl gemischt)*
1 l	*lauwarmes Wasser*
2 EL	*Salz*
	Kümmel
	Kerne (Sonnenblumenkerne, Sesam, oder ähnliches)

Das Roggenmehl mit dem Wasser und dem Sauerteig gut vermischen und über Nacht zugedeckt im Ofen bei 30 bis 40 Grad gehen lassen.

Das Salz in dem lauwarmen Wasser auflösen. Das gesamte Mehl, das Salzwasser, den Kümmel, die Kerne und den Vorteig in eine große Schüssel geben und von Hand gut durchkneten.

Die Kastenformen gut ausbuttern und den Brotteig einfüllen. Mit Sonnenblumenkernen und Sesam bestreuen und mit der nassen Hand darüberstreichen. Die Formen zugedeckt circa drei bis vier Stunden im Ofen bei 30 bis 40 Grad gehen lassen.

Den Backofen auf 200 Grad (Unterhitze - Oberhitze) vorheizen, dann auf 170 Grad zurückschalten und die Brote etwa 90 Minuten backen.

Das frisch gebackene Brot schmeckt ausgezeichnet zu einer bayerischen Brotzeitplatte mit Geräuchertem und Käse. Als Getränk eignet sich Bier, aber auch ein gutes Glas Wein paßt bestens dazu.

Orgelrenovierung Kaufbeuren 18,–

Präs. Dr. Simnacher: Versoffene Jungfern
Dekan Konrad Hölzl: Käsbrötle
MdB Dr. Skarpelis-Sperk: Bandnudeln Johannes XXIII
Crescentia-Kloster Consilia Glas: Gebackene Rosen

Orgelrenovierung Zolling/Ampertal 18,–

Bäuerin Theresia Lachner: Feine Knöderlsuppe
Regierungs-Präsident Raimund Eberle: Chiemsee-Renke
Kreisbäuerin Cilli Völkl: Schuxen nach Mutters Art
Wirtschaftsmin. Dr. Otto Wiesheu: Kirchweihnudeln

Marienkapelle Bad Birnbach/Rottal 18,–

MdB Dr. Hans Jochen Vogel: Bunter Salat
Alter Weißbräu Josef Kagerer: Böhmischer Kalich
Köchin Annelies Rieger: Rottaler Schindlbraten
SONDERTEIL: WURSTLN IM ROTTAL

Sportjugendförderung Fürstenzell b. Passau 19,20

Ortsbäuerin Elisabeth Asen: Bayernsuppe
Fritz Mayer: Passauer Schlosserbaum
Pfarrer Werner Buckel: Gansbraten
A. Wagner: Jägerwirther Schinkennestchen

Wanderwege Lenggries 19,20

Ski-Star Martina Ertl: Bananenkuchen
Agnes Wohlmuth: Bayerisches Hausbrot
Christa Simon: Ehestandskuchen
S. Obermüller: Isarwinkler Stie-Alm-Pfandl

Mauern, das Tor zur Hallertau 24,–

Gurkensuppe ** Rosenkohl »Großmütterchen«
Spanferkel mit Gramelbiersoße ** Schwarzersdorfer
Rehpastete ** Weihnachtsgansl ** Schinkentascherl **
Schuxen ** Feuerwehrkuchen ** Dattelbusserl

Bezirksmusikfest Eggenthal/Allgäu 19,20

Gemeinderat H. Königsperger: Leberschöberl
Augenärztin Dr. Ursula Busse: Spanferkel
Hubert Giselbrecht, 1860 Fan-Club: Wildragout
Ehrenmitglied Benedikt Hofmann: Nackede Mariele

Landesbund f. Vogelschutz Memmingen 22,–

Küchenmeister Jürgen Rehle: 4-Gang-Menü
Bgm. Theo Lehner: Geschmälzte Brotsuppe
Diplom-Biologe M. Jakobus: Geschmorter Hecht
Fledermausmutter Renate Pfeiffer: Rosenbowle

Gauschützenfest Stöttwang/Allgäu 19,20

Schützenmeister N. Hartmann: Zwiebelschnitzel
Ehrenmitglied M.Häfele: Apfelbettelmann
Schützenwirtin Resi Specht: Schützenzopf
Lehrerin Elisabeth Vorbach: Gefüllte Ente

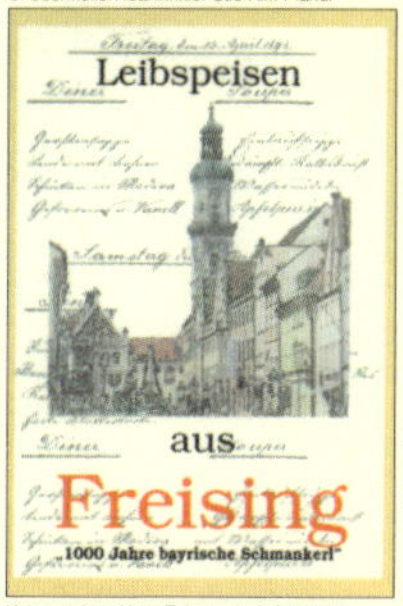

1000 Jahre Marktrecht Freising 23,–

Kultusminister Hans Zehetmair: Apfelstrudel
Redakteur Hans Kirchberger: Lüngerl
Schulleiter Bert Schorn: Oberbayer. Bauernfrühstück
Flughafengeschäftsführer W. Hermsen: Kaiserschmarrn

Sportjugendförderung Scheidegg 19,80

"Saumagen" * A Katzegeschrei *
Allgäuer Käse-Kartoffel-Auflauf * Gefüllte Fliegenpilze *
Brenntar * Vorarlberger Riebel * Allgäuer Brätstrümpfe *
Arme Ritter

Sportjugendförderung Waal/Allgäu 19,80

Pfarrer Dr. R. Schwarz: Leberschnitten-Suppe
Bgm. Peter Pauli: Krautwickel
Ortsbäuerin Irene Settele: Jamaika-Torte
Mesnerin Anna Keller: Husarenstrudel

Landesbund f. Vogelschutz FFB 22,–

Naturfilmerin S. Hoffmann: Weißwurstsenf
MdB G. Hasselfeldt: Miesmuscheln in Knoblauchsud
»Wellkürin« Vroni Lilla: Fingernudeln
Kreisbrandrat H. Wurm: Draadewixpfeifferl

Umweltinformationszentrum Bayreuth 19,80

Basketballstar Nils Becker: Kürbissuppe
Werner Kolb: Franzkung mit Pfannengemüse
Bgm. Dr. Mronz: Kräuter-Kabeljau mit Tomatensoße
Robert Pfeifer: Bananen-Pfannkuchen

Landesbund für Vogelschutz München 22,–

Petra-Cornelia Fleissner: Tomatencremesuppe
Bgm H.Monatzeder: Riesengarnelen
K.-G. Schulze: Arabischer Hühnertopf
BR-Moderator Wolfgang Küpper: Schokoladenbrot

Kirchenrenovierung Andechs 27,–

Josef Othmar Zöller: Gaspacho Andaluz
P. Anselm Bilgri: Spanferkelrücken
Anni Sontheim: Faschingskrapfen
Graf Toerring: Rehrücken

„Gestalt-Archiv" Schondorf 27,–

Rektor Joachim Klumpp: Kerbelsuppe
Minister Dr. T. Goppel: Schweinebraten mit Knödel
Paul Scheck: Holzknechtnocken
Eleonore Weindl vom "Gestalt-Archiv":

Behindertenarbeit Kaufbeuren 19,80

Zahnarzt P. Hübner: Gurkensahnesuppe mit Lachs
Dr. Georg Bürckner: Pflaumenknödel
Werner Arth, Behindertenwerkstatt: Blinde Dampfnudeln
Apotheker Dr. Kronschnabl: Allgäuer Jungbullenbraten

Sportjugendförderung Cham 19,80

Kommandeur Theodor Herkel: Eisberg spezial
Sportarzt Dr. Karl Vetter: Ochsenschwanz in Burgunder
Frauenbund Vors. E. Popp: Kartoffelzwirl mit Blaukraut
Landrat Zellner: Mousse au chocolat

Kneipp - Kindergarten - Projekt 23,–

Landrat Hermann Haisch: "Haischburger"
Achim Noefer, Kneipp-Bund: Risotto
Kurdirektor Dieter Wohlschlegel: "Schales"
Jugendreferentin Inge Beitlich:Salat pikant

Saarländische Krebsliga 24,–

Ministerpräsident Lafontaine: Freilandhühnchen
Speerwerfer Boris Henry: Sauerkirschen "Trifels"
Wimbledon-Siegerin Cl. Kohde: Blumenkohlbällchen
Komponist Hugo Baschab: "Rausgescheppte"

Historienspiele Schongau 19,80

Hildegard Gerrey: Französischer Karamelpudding
Hannes Feneberg: Cocktail-Garnelen
Dr. Andrea Maria Zinnecker: Risotto al limone
Kurdirektor Manfred Einsiedler: Festmenü

Sing- und Musikschule 23,–

Peter Zeller, Musikschule: Zwetschgendatschi
Küchenchef Karl Maurer: Pfrontener Käsküchle
Rundfunkkorrespondentin A. Zinnecker: Risotto al limone
Bgm. Beppo Zeislmeier: Rinderlende

Reinerlös bisher insgesamt

500.000 DM

Bestellungen an den
BAUER-VERLAG
Gennachstr. 1 87677 Thalhofen
Tel: 08345/1601 Fax 08345/1603

Im Herbst erscheinen: Bad Füssing, Weil/LL

LISL MARTIN - SCHWAIGER

Sowie Geschichten um's weltliche und kirchliche Jahr
19,20 DM

Anekdoten aus der Nachkriegszeit: besinnlich und heiter
19,20 DM

ALBERT REINIG

104 Seiten, davon 26 Seiten Farbbilder

27,80 DM

Die besonderen Singbüchlein

Geht es Ihnen auch öfters so:
Die Melodie "sitzt",
doch mit dem Text hapert's!
Band 1, 160 Seiten 8,50 DM,
Band 2, 196 Seiten 7,50 DM

Barbara Kreuter

96 Seiten, 19,80 DM
Das Orakel, Die Taschendiebin, Rückenschmerzen, Die Bahnfahrt, Weihnachtstage

---

REALSCHULE

Lernpakete nach dem neuen Lehrplan
bestehend aus einem Holzkasten, circa 450 Karteikarten, einem Eltern- und Schülerheft und einem Hausaufgabenkalender.

Englisch 7
Englisch 8
Mathematik 7
Rechnungswesen 8

Preis je Lernpaket 43,– DM
Unser Kombipaket bestehend aus Englisch 7, Englisch 8 und Mathematik 7 kostet 100,– DM.

Prüfungsvorbereitung Hauswirtschaft DM 12,80

Auf 96 Seiten sind die Prüfungsaufgaben ab 1987 bearbeitet. Außerdem sind wertvolle Informationen zu den Prüfungsbestimmungen und zur praktischen Prüfung sowie Lerntips enthalten.

ZIEL REALSCHULE DM 14,80

Aufgaben zur Aufnahmeprüfung an die Bayerische Realschule; 2. überarbeitete Auflage, 82 Seiten. Schülerheft mit Diktaten, Sprachlehre, Aufsatz und Mathematik. Lösungen, Lerntips und Bewertungsschlüssel im separaten Elternheft.

Kochkartei Bayerisch / International je DM 8,–

KURZ UND GUT Arbeitsaufwand für Zubereitung, Essen und Aufräumen etwa 90 Minuten. Erprobt von erfahrenen Fachlehrerinnen aus ganz Bayern, mit wertvollen Tips und Informationen zu Nahrungsmitteln, Lagerung ...

Für den Bayerischen Fußballverband, LIVE LEBEN, den Bayerischen Sparkassen- und Giroverband und mit Unterstützung der Ministerien für Kultus und Umweltfragen erstellen wir wieder einen Hausaufgaben-Kalender mit vielen sportlichen Themen und Interviews für das **Schuljahr 97/98. 160 Seiten DM 3,90.**

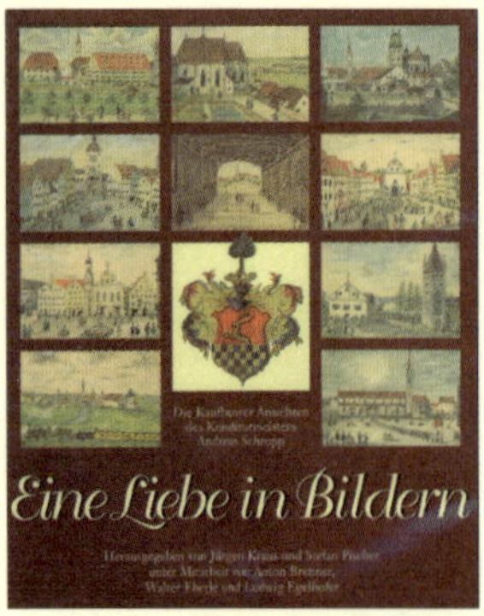

Die Kaufbeurer Ansichten des Conditormeisters Andreas Schropp DM 110,–
Faksimileband im Format 24 x 28 cm mit 290 Farbbildern aus Schropps Familienchronik. Der Ganzleinenband ist aufwendig verarbeitet und stellt eine bleibende Überlieferung anschaulicher Stadtgeschichte für künftige Generationen dar. Das Kaufbeurer Tänzelfest und das Leben in dieser Stadt im 19. Jahrhundert werden in Aufsätzen beschrieben.

Lieder zur Erstkommunion
DIN A 4 Mappe mit 4 Liedreihen (Partituren und Einzelstimmen)
DM 120,–
Bitte fordern Sie bei Interesse unseren Prospekt an!

Neuerscheinung
Prof. Dr. H. Zöpfl und andere:
Erziehung
152 Seiten, DM 24,80

Bitte bestellen Sie

per Post: BAUER-VERLAG, Gennachstr. 1, 87677 Thalhofen
per Telefon 08345/1601, per Fax 08345/1603

Bezugsbedingungen:
bis 100 DM: Versandkosten 5 DM
über 100 DM: frei Haus

POWER DURCH BAUER